本成果由西南大学中央高校基本科研业务费专项资金资助（项目批准编号SWU2109305）

高校思想政治教育评估设计

罗浩淮　吴卿昊　王　斌　著

含弘学术

西南大学出版社
国家一级出版社　全国百佳图书出版单位

图书在版编目(CIP)数据

高校思想政治教育评估设计 / 罗浩准，吴卿昊，王斌著. -- 重庆：西南大学出版社，2023.5
ISBN 978-7-5697-1832-4

Ⅰ. ①高… Ⅱ. ①罗… ②吴… ③王… Ⅲ. ①高等学校—思想政治教育—教育评估—中国 Ⅳ. ①G641

中国国家版本馆CIP数据核字(2023)第078367号

高校思想政治教育评估设计

GAOXIAO SIXIANG ZHENGZHI JIAOYU PINGGU SHEJI

罗浩准　吴卿昊　王　斌　著

责任编辑 | 曹园妹
责任校对 | 雷　刚
装帧设计 | 闰江文化
排　　版 | 瞿　勤
出版发行 | 西南大学出版社(原西南师范大学出版社)
网上书店 | https://xnsfdxcbs.tmall.com
地　　址 | 重庆市北碚区天生路2号
邮　　编 | 400715
印　　刷 | 重庆长虹印务有限公司
幅面尺寸 | 170 mm × 240 mm
印　　张 | 12.75
字　　数 | 200千字
版　　次 | 2023年5月 第1版
印　　次 | 2023年5月 第1次印刷
书　　号 | ISBN 978-7-5697-1832-4
定　　价 | 68.00元

前言

随着中国特色社会主义教育事业的蓬勃发展，以及高校思想政治教育科学化和学科理论体系的不断完善，高校思想政治教育的重要性愈发凸显。如何完善高校思想政治教育教学全过程，推动高校思想政治教育体系不断完善，实现加强和改进高校思想政治教育的重要目标，是当前高校思想政治教育研究面临的重要问题。

作为高校开展思想政治教育的重要组成部分，高校思想政治教育评估不仅是科学、系统、高效地开展高校思想政治教育教学实践活动的重要保障，也是高校思想政治教育能够持续不断改良的重要推动力，对高校开展思想政治教育工作的事前引导、事中跟踪和事后反馈都有着十分积极的作用和意义。因此，我们有必要在国内外诸多学者关于思想政治教育评估的研究成果的基础上，多角度、广维度、有深度地对高校思想政治教育评估的理论进行探索研究，结合新的时代背景下高校思想政治教育的新挑战和新要求，不断探索高校思想政治教育评估的实践性，改良高校思想政治教育评估的科学性，从而更好地发挥高校思想政治教育评估的推动和革新作用，进而提高高校思想政治教育的实效性。自20世纪80年代以来，高校思想政治教育评估理论经过40余年的发展，在指导思想、方式方法等层面已经取得了一定的成果，形成了较为完善的、科学的理论体系。然而，随着时代的不断发展，以及中国特色社会主义事业的不断推进，高校思想政治教育评估面临新的形势和新的挑战。对于建立一个科学、完整的高校思想政治教育评估体系而言，目前的研究成果仍然有待进一步系统化和具体化。目前存在的主要问题是：如何将现有的思想上比较成熟的高校思想政治教育评估理论体系进一步深化，以其为指导构建一个系统完整、科学有效的高校思想政治教育评估体系？如何设计客观指标和主观评价并平衡它们之间的相互作用？是否能构建一个相对系统化、标准化的高校思想政治教育评估体系？如果能，那么高校思想政治教育评估体系的结构应该是什么样的？它包含哪些子系统？子系统之间如何相互协同、相互作用？所构建的高校思想政治教育评估体系是否具有可操作性？在具体实施中的反馈如何？

《高校思想政治教育评估设计》尝试以总结40余年来高校思想政治教育评估理论的成果为起点，回顾近年高校思想政治教育评估理论的发展历程，分析当前高校思想政治教育的需求点和革新点，通过对高校思想政治教育评估理论与实践的系统研究，构建一个较科学、完善、可行的高校思想政治教育评估体系。在高校思想政治教育理论发展的基础上，紧密结合习近平新时代中国特色社会主义思想对高校思想政治教育的新要求、新目标和新任务，深入探索高校思想政治教育评估的科学性、系统性、可行性，为高校思想政治教育评估提供有效的理论支撑。全书主要由七个部分组成。

第一部分：高校思想政治教育评估的发展历程和理论成果。这一部分主要对近年高校思想政治教育评估的发展历程和相关理论成果进行简要的回顾和总结，将高校思想政治教育评估的时间划分为萌芽、探索、发展、推进四个阶段，然后从定义、标准、原则、方法、范围、指标、程序等维度对高校思想政治教育评估理论进行梳理和总结，并在此基础上进一步分析和阐述高校思想政治教育评估的理论意义和实践意义。

第二部分：高校思想政治教育评估的现状。这一部分首先对高校思想政治教育评估的现状进行归纳阐述，对党的十八大以来各省（区、市）党委、政府和高校思想政治教育评估的开展状况、落实情况和实施效果进行搜集整理，分析新的时代背景下高校思想政治教育评估取得的成果和存在的问题，以此总结开展高校思想政治教育评估的优秀经验和有效途径。

第三部分:高校思想政治教育评估的理论框架。这一部分在以往理论成果的基础上,结合新的时代背景下高校思想政治教育面临的新挑战,以新的时代背景下高校思想政治教育的新要求为切入点,深入分析高校思想政治教育评估目标和需求的变化,对高校思想政治教育评估的含义和构成要素作清晰界定,进而对高校思想政治教育评估的各种分类进行探讨,最后在分类的基础上阐述高校思想政治教育评估需要重视的原则和作用。

第四部分:高校思想政治教育评估体系构建的探讨。这一部分是全书的重点,也是突破创新之处。本部分从高校思想政治教育评估的内涵创新和模式创新出发,提出高校思想政治教育评估体系的整体结构,通过绘制高校思想政治教育评估体系的结构网络图,分析新的时代背景下高校思想政治教育各个板块间的内在联系和外在支撑;对高校思想政治教育评估组织体系、指标体系、方法体系的构建分别进行了详尽的论述。

第五部分:高校思想政治教育评估的实施程序。这一部分是在前述理论分析的基础上,结合高校思想政治教育评估工作过程中可能面临的困惑点、难点,分析并提出高校思想政治教育评估的实施流程。在准备阶段、操作阶段和结果运用阶段将前述理论进行了一次综合实践运用,并以此进一步完善高校思想政治教育评估的实施程序。

第六部分:高校思想政治教育评估的保障机制。这一部分重点讨论党和国家对高校思想政治教育评估的重视程度和高校思想政治教育评估的政策驱动力,通过分析上述高校思想政治教育评估体系推行和实施的政策需求,自上而下地探究进一步推动高校思想政治教育评估工作开展的保障机制并提出对策建议。

第七部分:附录。这一部分是国家和各省(区、市)党委和政府出台的有关高校思想政治教育评估的相关文件、对高校思想政治教育评估指标体系构建的说明和评估体系构建实践的说明。

本书拟就高校思想政治教育评估的一些基本理论问题及高校思想政治教育评估体系的构成作较全面的分析与探讨,针对当前高校思想政治教育评估实践和理论，分析并总结现有的高校思想政治教育评估理论成果，结合新的时代背景下高校思想政治教育的新挑战和新要求，以求构建一个较完整的、科学的、可行的高校思想政治教育评估体系，并以现实推动过程中的一些具体设计案例来说明本书的观点。

参加本书编写的有：罗浩准（西南大学）（第三章、第四章、第五章）、吴卿昊（重庆电子工程职业学院）（第一章、第二章）、王斌（西南大学）（第六章、附录）。罗浩准负责整体书稿的统稿、整理与修改工作，王斌负责本书的框架设计和调整。

目录

第一章

高校思想政治教育评估的发展历程和理论成果

本章主要对近年高校思想政治教育评估的发展历程和相关理论成果进行简要的回顾和总结，将高校思想政治教育评估的时间划分为萌芽、探索、发展、推进四个阶段，然后从定义、标准、原则、方法、范围、指标、程序等维度对高校思想政治教育评估理论进行梳理和总结，并在此基础上进一步分析和阐述高校思想政治教育评估的理论意义和实践意义。

第一节
高校思想政治教育评估的发展历程

随着社会主义教育事业的不断发展，思想政治教育学科经历了建设初创时期到相对成熟时期再到如今稳步发展的繁荣时期，思想政治教育理论体系也经历了从相对薄弱到相对完善的过程，思想政治教育的重要性也愈发凸显。作为思想政治教育整个体系不可或缺的一部分，思想政治教育评估日益引起学术界的关注和重视。思想政治教育评估不仅能对思想政治教育过程的各个环节及时作出反馈，丰富和完善高校思想政治教育学科的基础理论，而且能对高校思想政治教育的社会价值作出科学、系统的判断，在一定程度上促进高校思想政治教育实践的发展，为高校作出正确的思想政治教育决策提供理论基础和现实依据，进而提升高校开展思想政治教育的实效性。

20世纪80年代中期以来，广大高校思想政治教育工作者对高校思想政治教育评估理论进行了40余年的积极探索、深入研究，取得了丰硕的研究成果。回顾高校思想政治教育评估理论的研究过程，按照时间脉络可以总结归纳为四个阶段，本书就此进行如下阐述。

一、高校思想政治教育评估理论研究的早期萌芽阶段

1978年十一届三中全会的召开，标志着改革开放和社会主义现代化的伟大征程开启。十一届六中全会的召开，彻底结束了思想政治工作的起伏动

荡，党和国家以及当时的思想政治教育工作者们对过去高校思想政治教育的经验教训进行了深刻的反思和总结，澄清了青年思想政治工作开展以来存在的重大问题，从根源上恢复了马克思主义的指导思想并确定了“解放思想，实事求是”的思想路线，重构并推动青年思想政治工作进入为改革开放和社会主义现代化建设服务的新时期。自此，思想政治教育评估在思想政治教育过程中的重要性和必要性开始被重视。

1983年，张蔚萍、张俊南在陕西人民出版社出版的《思想政治工作概论》，是一部阐述党的思想政治工作的科学性，以及党的思想政治工作的方法、原则、队伍建设等理论基础和基本原理的重要著作。针对思想政治工作的地位和作用，张蔚萍在书中指出：“加强思想政治工作是我们党半个多世纪以来的宝贵经验”，“思想政治工作是经济工作和其他一切工作的生命线”，“加强思想政治工作是建设社会主义精神文明的根本保证”。①

1984年，由上海市高教局主编、教育科学出版社出版的《高等学校学生思想政治教育》一书主要阐述了学生思想政治教育是一门科学，分析了学生思想政治教育的任务、内容、过程、原则、方法及实现途径等。《高等学校学生思想政治教育》这样阐述：“学生思想政治教育是社会主义精神文明建设的重要方面”，“以共产主义思想为核心的思想政治教育是社会主义高等教育的显著标志”，思想政治教育“直接反映社会经济和政治对于培养人才的要求，是我国高等教育社会主义性质的鲜明体现”。②

在这一时期，虽然没有出现过思想政治教育评估的说法，但是，对思想政治工作或是思想政治教育的地位和作用的论述确实得到了一定的重视。虽然上述两书的写作背景不尽相同，但均体现出了这一时期思想政治教育理论的萌芽，《思想政治工作概论》写作于改革开放初期，党面临着恢复、发扬党的思想政治工作优良传统的形势，需要用思想政治工作教育、团结和鼓舞全国人民。1982年至1983年，教育部颁布相关文件，要求对重点院校的教育工作进行评议。此后，包含工作总结、个人小结、讨论评议、自我鉴定、课程考试等

---

① 张蔚萍、张俊南：《思想政治工作概论》，陕西人民出版社，1983，目录第1页。

② 上海市高教局主编《高等学校学生思想政治教育》，教育科学出版社，1984，第15—17页。

方式的思想政治教育评估的初期形态在高校教育教学过程中被逐渐推广，为思想政治教育评估的研究积累了宝贵的经验。而1984年《高等学校学生思想政治教育》的写作是基于党的十一届三中全会以后，在我国社会主义建设新的发展时期，对学生思想政治教育提出的新的任务和要求。党的第十二次全国代表大会确定，教育是我国经济发展的战略重点。高等学校以培养专门人才作为基本任务，需适应社会主义现代化建设的需要。由此可以看出，这一时期的思想政治教育著作，在重视党的领导的基础上，运用历史经验的结果范式，为革命的成功和改革及建设的发展作出了卓越的贡献。因此，思想政治教育的有效性和社会历史价值方面的研究成果不言而喻，虽然这一时期对思想政治教育评估的研究相当有限，但是，已经可以看到思想政治教育评估开始萌芽。

二、高校思想政治教育评估理论研究的探索建设阶段

这一研究时期以1986年由陆庆壬主编、复旦大学出版社出版的《思想政治教育学原理》为里程碑。书中对思想政治教育评估的意义和要求、标准和原则、范围和特点、评估的途径和方法的论述，标志着对高校思想政治教育工作评估理论的研究开始进入探索建设阶段。[①]之后的高校思想政治教育工作者们通过不断归纳总结以往高校思想政治教育工作评估的实践经验，将其上升到了理论的高度，逐渐形成了比较系统、成熟的高校思想政治教育工作评估理论体系。随后，张耀灿、王礼湛、邱伟光等一大批思想政治教育研究者的著作相继问世，对高校思想政治教育评估的重要性、可行性、基本原理、指标体系、实施方法等进行了深入的研究和剖析，取得了丰硕的成果。在这一阶段，高校思想政治教育工作评估体系主要由思想政治教育工作的主体评估、思想政治教育工作的过程评估、思想政治教育工作的效果评估三部分组成，并对各个指标体系进行了一定的权重划分，初步形成了具有学科特色的高校思想政治教育工作评估理论和方法体系，形成了高校思想政治教育评估的整

① 陆庆壬主编《思想政治教育学原理》，复旦大学出版社，1986。

体框架和基本结构,为进一步研究和完善高校思想政治教育评估理论体系提供了有力支撑。

三、高校思想政治教育工作评估理论研究的系统发展阶段

这一时期以1999年由邱伟光主编、高等教育出版社出版的《思想政治教育学原理》为里程碑,标志着在总结前一阶段的相关研究成果的基础上,将高校思想政治教育工作评估与现代科学技术较好结合,建立了较为科学化、系统化的高校思想政治教育工作评估理论体系。在1990年颁布的《普通高等学校教育评估暂行规定》的基础上,1999年中共中央颁布了《关于加强和改进思想政治工作的若干意见》,思想政治教育评估理论研究得到充分重视和长足发展,相关论著大量出版,如教育部社会科学研究与思想政治教育工作司组编的《思想政治教育方法论》、黄蓉生的《当代思想政治教育方法论研究》、罗洪铁的《思想政治教育专题研究》、陈秉公的《思想政治教育学原理》等,这些著作对高校思想政治教育评估进行了更为缜密和细致的研究,一方面在横向上完善高校思想政治教育评估理论研究,另一方面在纵向上更加注重将成果落实到高校思想政治教育评估的实际应用中去。理论研究和实际应用在横向和纵向的全方位拓展,标志着在这一时期的高校思想政治教育评估的研究得到系统化、基准化、实践化的发展。

四、高校思想政治教育评估理论研究的全面推进阶段

随着中共中央、国务院《关于进一步加强和改进大学生思想政治教育的意见》的颁布,高校思想政治教育工作被纳入高校办学质量和水平的考核体系,高校思想政治教育评估理论的研究进入了一个新的阶段。随后,《关于加强和改进新形势下高校思想政治工作的意见》的颁布和全国高校思想政治工作会议的召开,进一步凸显了高校思想政治教育评估的重要意义,一定程度上促进了高校思想政治教育评估理论的蓬勃发展。在这一时期,不仅有思想政治教育工作者的学术研究成果问世,如罗洪铁、周琪和王斌等出版的《思想

政治教育学学科理论体系演变研究》，同时也有2012年2月由中共中央宣传部、教育部颁布的《全国大学生思想政治教育工作测评体系（试行）》，这标志着党和国家以及国内学者对高校思想政治教育评估的关切与重视。这一阶段的成果主要体现在以下三个方面：其一，关于思想政治教育评估的问题理论框架开始形成，其横向研究的范围也开始向大和广的方向发展。其二，关于思想政治教育评估问题的研究思想基本成熟，其开展涉及的纵向研究也向更深的方向发展。其三，关于思想政治教育评估热点问题的研究也向统一化和一致化方向发展，其研究的发展态势也趋于稳定。

在这一阶段初期，相较于上一阶段，高校思想政治教育工作评估指标体系得到了进一步细化，具体包括四个部分：一是对高校思想政治教育工作部门的评估，二是对高校思想政治教育工作队伍的评估，三是对高校思想政治教育效果的评估，四是对高校思想政治教育人员的思想政治道德素质的评估。同时产生了一些新的评估指标：一是对高校思想政治教育工作受教育者的评估，二是对高校思想政治教育工作者的评估，三是对高校思想政治教育部门的评估，四是对高校思想政治教育工作过程的评估。高校思想政治教育工作评估体系的构建，对提高高校思想政治教育工作的实效性和针对性，推动高校思想政治教育工作建设和改革，促进高校思想政治教育工作队伍建设都起到了十分重要的作用，为建设具有中国特色的高等教育质量监督管理体系积累了重要的经验。

第二节
高校思想政治教育评估的理论成果的发展

40余年来,无数高校思想政治教育工作者和国内外学者的积极探索取得了辉煌的理论研究成果,高校思想政治教育评估不仅在理论研究上取得了重大的进展,还在高校思想政治教育评估的实践落实上培育了丰富的土壤。

进入21世纪以来,党中央和国务院对高校思想政治教育工作的进一步重视,更是推动了一大批高校思想政治教育学者和工作者对高校思想政治教育评估工作的研究。本书以时间为主线索从以下几个方面对近年来高校思想政治教育评估中具有代表性的成果进行简要述评。

一、思想政治教育评估理论的全面萌芽(1985—2000)

20世纪80年代中后期,思想政治教育评估理论研究渐渐出现在专著的章节中。即在学术界相关专著中,出现涉及思想政治教育评估含义、思想政治教育评估原则、思想政治教育评估标准、思想政治教育方法和途径等方面的内容。本书按照理论研究成果的年代(本阶段是1985—2000年)进行梳理和总结,思想政治教育评估相关领域的发展和演变线索如下。

(一)思想政治教育评估定义的萌发

定义是一个理论成立与建立的基石,只有明确高校思想政治教育评估的定义,才能更好地剖析高校思想政治教育评估的需求,为进一步研究高校思想政治教育评估的原则、范围、方法、指标等奠定坚实的研究基础。在高校思想政治教育评估理论研究的历史发展中,不可忽视的重要问题是:什么是高校思想政治教育评估?高校思想政治教育需要如何评估?

王玄武认为,一个完整的思想政治教育过程,应当包括思想政治教育方案的制定,方案的实施和对方案实施情况的检查、调节和总结这样三个基本的环节。①

陆庆壬认为,思想政治教育评估首先需要解决做得怎样的问题,即通过科学的反馈对思想政治教育作出实事求是的、准确的分析评估,以利于总结经验,发扬成绩,激励先进,纠正错误,克服缺点。②

王礼湛认为,思想政治教育效果的评估是对这一效果作出实事求是的分析,进行定性定量的客观评价;思想政治教育效果的评估是研究思想政治教育工作的重要方法,也是思想政治教育过程中反馈机制的重要组成部分。思想政治教育的评估,总会经由一定的反馈渠道,对思想政治教育的各个环节产生一定的影响。他还提出,探讨思想政治教育效果的评估标准、原则和方法,对推动思想政治教育实践的不断发展和思想政治教育学的学科建设都有重要的意义。③

邱伟光指出,思想政治教育评估是根据社会对思想政治教育的要求以及思想政治教育的评估要求,采用测量和统计分析等先进的科学技术方法,对思想政治教育的实际效果进行价值判断的过程。④

在上述基础上,相关学者进行了深入的研究,由国家教委思想政治工作司组编、高等教育出版社出版的《思想政治教育方法论》一书认为,认真做好检查、调节和总结工作,对有效地开展思想政治教育工作、不断地提高思想政治教育工作的水平,是非常重要的。⑤

---

① 王玄武主编《思想政治教育方法论》,武汉大学出版社,1985,第263页。

② 陆庆壬主编《思想政治教育学原理》,复旦大学出版社,1986,第233页。

③ 王礼湛主编《思想政治教育学》,浙江大学出版社,1989,第281—282页。

④ 邱伟光:《思想政治教育学》,学林出版社,1990,第321页。

⑤ 国家教委思想政治工作司组编《思想政治教育方法论》,高等教育出版社,1992,第330页。

罗洪铁指出，思想政治教育评估是根据社会对思想政治教育的要求，采用测量和统计分析等先进方法，对思想政治教育的实际效果进行价值判断的过程。[①]

从以上思想政治教育评估的定义可以看出，直至20世纪80年代末期，学术界对思想政治教育评估的定义着眼于其目的，即要解决什么问题。其中，王玄武的观点中依旧没有思想政治教育评估，但是他在他的专著中整整用了一章来阐述思想政治教育的检查、调节和总结的方法，可以看出，他隐含地介绍了思想政治教育评估，侧重于从整个思想政治教育过程的角度去阐述思想政治教育的检查、调节和总结。陆庆壬不仅明确地提出了思想政治教育评估这一概念，而且明确了思想政治教育评估就是要解决做得怎么样的问题。邱伟光则第一次从思想政治教育管理的角度提出了思想政治教育的评估。在已有研究的基础上，王礼湛作出了一个比较完善的界定，提出了思想政治教育效果的评估这一说法。随着学科的创立，学术界开始初步探讨和界定思想政治教育评估的内涵，形成了以上几种具有代表性的观点。

(二)思想政治教育评估标准的萌发

思想政治教育评估的标准是衡量思想政治教育过程和效果的客观价值尺度，其正确与否直接关系思想政治教育评估程度的好坏，甚至评估的成败。因此，这也是思想政治教育领域中一个值得研究的重要维度。

王玄武认为，衡量服务于党在新时期的总任务和总目标的思想政治教育是否有效的根本标准，就是看其是否能起到促进总任务、总目标实现的积极作用。具体来说，新时期思想政治教育的有效性应当表现在以下各个方面：在坚持四项基本原则方面；在贯彻执行党的路线、方针、政策方面；在树立共产主义的理想、信念和人生观方面；在培养高尚的道德品质方面；在培养集体主义思想和为人民服务的献身精神方面；在建立和发展社会主义的新型社会关系方面；在发扬社会主义的爱国主义方面；在遵守社会主义法制和加强组

---

① 罗洪铁：《思想政治教育学专题研究》，西南师范大学出版社，1997，第265页。

织纪律性方面;在掌握科学的方法论方面;在促进各项业务工作方面。①

王礼湛认为思想政治教育效果评估的标准是:第一,要看是否促进了社会生产力的发展,包括振奋起教育对象献身于经济建设、促进生产力发展的巨大热情和创造精神,以及在经济建设、发展生产力的进军中充分发挥保证作用、监督作用和服务作用;第二,要看是否有利于社会主义精神文明建设,包括努力形成有利于经济建设和改革开放的理论指导、舆论力量、价值观念、文化条件和社会环境,引导人们正确处理和协调各种不同的社会利益和矛盾;第三,要看是否促进了人的全面发展,我国社会主义制度的建立,为造就一代全面发展的新人提供了前所未有的可能性。②

由国家教委思想政治工作司组编、高等教育出版社出版的《思想政治教育方法论》一书提出,思想政治教育的效果,可以从质和量两方面加以分析,并提出了普适于各个时期思想政治教育有效性的基本标准,即提高人们的政治觉悟、思想水平和道德素质。③

思想政治教育评估的标准在整个思想政治教育体系中,起步相对来说是比较晚的,在上述的线索中,王玄武把思想政治教育评估标准分为根本标准和具体标准来阐述,其中具体标准分为十个方面;而王礼湛把思想政治教育效果的评估标准直接分为四个方面,没有像王玄武那样划分。他们的观点在同一阶段的专著当中,在思想政治教育评估理论体系建设方面,是最具参考价值的,因为在同期专著中,很少有涉及思想政治教育评估标准这一领域的。如王玄武的观点中,虽然提出了根本标准和具体标准,但是,本书认为,他并没有对此进行明确的分析;而王礼湛的思想政治教育评估的标准也并没有囊括检验思想政治教育过程和目的的相关内容,在语言的提炼方面也不够精练。随着思想政治教育实践的发展,思想政治教育评估理论也需要随之而发展,在这一期间,学者们虽然提到了思想政治教育评估标准,但是其理论观点还有待完善、深化和发展。

---

① 王玄武主编《思想政治教育方法论》,武汉大学出版社,1985,第265—268页。

② 王礼湛主编《思想政治教育学》,浙江大学出版社,1989,第291—292页。

③ 国家教委思想政治工作司组编《思想政治教育方法论》,高等教育出版社,1992,第332—333页。

(三)思想政治教育评估原则的萌发

思想政治教育评估的原则是思想政治教育评估活动客观进行的重要保证,它是对思想政治教育评估具有普遍意义的客观规律的认识。在这一阶段,学术界关于思想政治教育评估原则的观点主要有:

陆庆壬的《思想政治教育学原理》,对之前的思想政治教育工作经验进行了回顾和总结,首次对思想政治教育评估提出了以深入贯彻党的精神、坚持党的领导为核心的党性原则,从历史中吸取经验、总结教训的历史性原则,以及涵盖各个方面的全面性原则。①

罗洪铁著的《思想政治教育学专题研究》认为在陆庆壬提到的三个原则的基础上,还应该有实事求是和客观性原则。②

王礼湛指出,思想政治教育评估的原则包括:政策性原则、客观性原则、全面性原则、定性—定量原则、静态—动态原则。③

实质上在这个阶段,对思想政治教育评估的原则的研究已经取得了一定的成绩。上述原则,在后期的研究中一直被学术界重视,并且加以发展和研究。

(四)思想政治教育评估方法的萌发

思想政治教育评估要讲究正确有效的方法,因为掌握了正确有效的评估方法会让思想政治教育评估取得事半功倍的效果。

王玄武认为,衡量思想政治教育效果的方法有:目标管理法、“知”“行”统一法、“红”“专”综合法、过程分析法和比较鉴别法。④

陆庆壬提出,思想政治教育评估的途径有:领导部门的评估、教育者的评估、受教育者的评估、集体舆论的评估和社会发展的评估。⑤

---

① 陆庆壬主编《思想政治教育学原理》,复旦大学出版社,1986,第244—245页。

② 罗洪铁:《思想政治教育学专题研究》,西南师范大学出版社,1997,第274—277页。

③ 王礼湛主编《思想政治教育学》,浙江大学出版社,1989,第293—296页。

④ 王玄武主编《思想政治教育方法论》,武汉大学出版社,1985,第270—274页。

⑤ 陆庆壬主编《思想政治教育学原理》,复旦大学出版社,1986,第250—251页。

王礼湛认为，思想政治教育效果评估的方法有：实践检验法（包括第一，听取工作报告；第二，进行实际考察；第三，抽样调查；第四，追踪调查；第五，对若干被评估单位进行比较，提出评估报告，评出各单位的优缺点，可列出典型单位、事件、人物的情况进行分析）；模糊综合评判法。①

罗洪铁认为，思想政治教育评估的方法包括：经验评估法、分类加权法、纵横评估法和综合评估法。②

由国家教委思想政治工作司组编、高等教育出版社出版的《思想政治教育方法论》一书中提出了目标管理法、“知”“行”统一法、“红”“专”综合法、过程分析法、比较鉴别法、个体评估与群体评估法、单项评估与综合评估法等评估方法。③

根据上述观点，可以很明显地看出，王玄武把思想政治教育评估的方法划分得很细致，在方法方面，他也是在思想政治教育效果的评估基础之上进行阐述的。王玄武在这一方面的贡献是，他不仅详细地论述了这几种衡量思想政治教育效果的方法，而且还在他的专著里面谈及了总结思想政治教育评估的方法，如坚持理论与实际相结合；明确根本目的，探求客观规律；围绕成绩、问题深入分析原因；借鉴自己过去的经验以及别人的经验；掌握总结类型。相对而言，陆庆壬的观点比较全面，他不仅阐述了思想政治教育评估的方法，而且还阐述了思想政治教育评估的途径，在方法方面，虽然只列举了三种，但实质上已经向系统化的方法迈进了一大步。而王礼湛虽然只论述了两种方法，但是他对每种观点都进行了很系统的阐述。受当时条件的限制，思想政治教育评估的方法能发展到这种程度，已经出人意料了，其贡献是值得肯定的。但是，随着思想政治教育评估实践的发展，其方法也应随之发展。

（五）思想政治教育评估范围的萌发

陆庆壬认为，思想政治教育评估的范围包括：对受教育者的评估、对教育

① 王礼湛主编《思想政治教育学》，浙江大学出版社，1989，第299—301页。

② 罗洪铁：《思想政治教育学专题研究》，西南师范大学出版社，1997，第280—281页。

③ 国家教委思想政治工作司组编《思想政治教育方法论》，高等教育出版社，1992，第337—343页。

者的评估、对领导部门的评估,以及对思想政治教育过程中的途径、形式、方法的评估和对整个过程的辩证把握。①

罗洪铁指出,思想政治教育评估的范围包括:对思想政治教育组织的评估、对思想政治教育队伍的评估、对思想政治教育活动的评估、对思想政治教育效果的评估。②

(六)思想政治教育评估指标体系研究

思想政治教育评估指标体系的建立,是为了把思想政治教育总目标更加具体化,把总目标分解成具体直观的、操作性强的以及有一定内部组织结构与层次的子目标,形成一个整体系统,使思想政治教育评估全面、客观、具体、可操作。

王礼湛认为思想政治教育效果评估的指标体系应当有如下要求:第一,它必须能反映效果中最本质的东西。第二,它必须是可测的。他认为指标的设计要尽量简单,要以尽量少的指标反映尽量多的信息,同时提出了对难以量化的指标可以先进行定性评价,再用模糊数学进行二次量化的方法。第三,它必须是可比的。即要坚持指标体系的基本固定和权值变化的相对统一。③

邱伟光提出,思想政治教育评估指标体系是复杂性的集中表现。他认为思想政治教育评估指标体系的主要内容有三个。首先是对思想政治教育工作状况的评估。这其中又包括三个次级指标,即:对思想政治教育工作部门的评估,对思想政治教育工作队伍的评估,对思想政治教育的评估。其次是对思想政治教育效果的评估。它包括六个次级指标,即:通过思想政治教育是否提高了人们的思想理论水平,是否促进了人们的社会主义道德品质的发展,是否形成了良好的社会舆论和风气,是否建立了良好的社会主义人际关系,是否减少了犯错率和犯罪率,是否促进了生产、工作与学习等各项活动的

① 陆庆壬主编《思想政治教育学原理》,复旦大学出版社,1986,第246—248页。

② 罗洪铁:《思想政治教育学专题研究》,西南师范大学出版社,1997,第272—273页。

③ 王礼湛主编《思想政治教育学》,浙江大学出版社,1989,第298页。

开展。最后是对人们的思想品德等素质的评估。它包括五个次级指标，即：政治素质的评估、道德素质的评估、智能素质的评估、能力素质的评估、身体素质的评估。①

可以看出，王礼湛的观点具有一定的理论价值。但是，他主要是以学校思想政治教育作为一个出发点去阐述思想政治教育评估的指标体系。首先，从某种程度上说，缩小了思想政治教育评估指标体系建立的基础范围；其次，他建立的学校思想政治教育效果评估的指标体系也并不完善，指标体系之间的逻辑层次性不强；再次，他最终还是侧重于阐述建立思想政治教育评估指标体系的要求，而不是阐述建立怎样的指标体系，以及怎样去建立的问题。因此，他并没有解决实质性的问题。而邱伟光则以分级指标的形式阐述了思想政治教育评估指标体系所包含的内容，具有较高的理论价值。但是从思想政治教育评估的实践来看，其操作性还是有所欠缺的，如对人们思想品德等素质的评估就难以操作。另外，邱伟光把思想政治教育评估指标体系划分为三个指标，分别是对思想政治教育工作状况的评估、对思想政治教育效果的评估、对人们思想品德等素质的评估。那么，评估人们的思想品德等素质，是在对其进行思想政治教育过后的评估还是之前对其本身的评估？如果是在思想政治教育过后的评估，那为什么不放到思想政治教育效果的评估中加以研究而要单独列出来？如果是在思想政治教育之前进行的评估，那么本书认为，不是思想政治教育环节之一的内容，不能作为指标体系的要素来加以研究。

作为补充，罗洪铁认为，思想政治教育评估指标体系是指各个评估指标相互区别、相互联系、相互制约、相互作用构成的能够反映思想政治教育效果的指标整体。它由思想政治教育主客体、思想政治教育活动过程、思想政治教育效果三个部分组成，其中思想政治教育效果是核心。②

（七）思想政治教育评估实施程序的萌芽

学者们对思想政治教育评估实施过程的研究主要从一般过程意义上进行。

① 邱伟光：《思想政治教育学》，学林出版社，1990，第340—341页。

② 罗洪铁：《思想政治教育学专题研究》，西南师范大学出版社，1997，第277—279页。

罗洪铁在其专著《思想政治教育学专题研究》中指出，思想政治教育评估的实施过程为：建立评估班子—深入调查研究—进行统计分析，分等打分—确定评估结果。[①]

刘书林、陈立思于中国青年出版社出版的《青年思想政治教育学原理》中指出，思想政治教育评估的实施过程为：建立评价指标体系—制定评价方法—评价结果的解释、报告和传递。[②]

思想政治教育评估的实施过程是一个实践性很强的研究问题，目前学者们的研究基本上完整、科学地表述了这一过程。如何将其细化和规范化是现在需要研究的主要问题。

二、思想政治教育评估理论的相对成熟阶段（2000—2005）

（一）思想政治教育评估定义研究

在这一阶段，对思想政治教育评估定义的研究，具有代表性的观点如下。

张耀灿、郑永廷、吴潜涛、骆郁廷等学者在人民出版社出版的《现代思想政治教育学》中指出，思想政治教育评估是依据一定的标准，运用测量和统计分析的方法，对思想政治教育的过程及其实际效果进行质的评判和量的估价的活动。[③]

黄蓉生在《当代思想政治教育方法论研究》中指出，思想政治教育评估是根据社会对思想政治教育的要求以及思想政治教育的评估要求，采用测量和统计分析等先进手段，对思想政治教育的效果与过程的相关因素作出客观的实事求是的评价和估计的过程。[④]

陈秉公认为，思想政治教育评估是通过科学的反馈，对思想政治教育的过程和效果进行实事求是的分析，作出定性定量的评价。[⑤]

---

① 罗洪铁：《思想政治教育学专题研究》，西南师范大学出版社，1997，第279—280页。

② 刘书林、陈立思：《青年思想政治教育学原理》，中国青年出版社，1999，第222—223页。

③ 张耀灿、郑永廷、吴潜涛等：《现代思想政治教育学》，人民出版社，2000，第346页。

④ 黄蓉生：《当代思想政治教育方法论研究》，西南师范大学出版社，2000，第151页。

⑤ 陈秉公：《思想政治教育学原理》，辽宁人民出版社，2001，第358页。

项久雨认为，思想政治教育评价是按照一定的价值标准和培养目标，对受教育者的思想品德形成和发展变化及构成其变化的诸种因素所进行的价值判断。[①]

张耀灿、陈万柏认为，“思想政治教育评估，就是根据我国思想政治教育的社会主义性质和要求，通过信息反馈和对信息的定性、定量分析，对思想政治教育活动过程及其效果进行评判的一项活动”[②]。

王敏认为，“思想政治教育接受效果的评价是指人们依据一定的评价标准，通过科学的方法和正确的途径，多方面搜集适切的事实性材料，对思想政治教育接受活动及其效果的价值作出判断的过程。思想政治教育接受效果的评价在本质上是一种价值判断过程，它必须对思想政治教育接受活动的社会效果作出价值判断，判断思想政治教育接受活动是否实现了社会价值，实现社会价值的程度如何”[③]。

王勤认为，“思想政治教育评估是依据一定的标准，运用一定的方法，对思想政治教育过程及其实际效果进行质的评判和量的估价的活动”[④]。

仓道来认为，“思想政治教育的评估，是指人们根据一定阶级、集团的思想政治要求，实施思想政治教育过程以及对被教育者施加影响所取得的实际效果和社会作用进行评价和估价。思想政治教育评估的本质是一种思维创造性活动的过程，即人们的思维对思想政治教育的评价过程、价值判断的过程”[⑤]。

罗洪铁、董娅认为，“思想政治教育评估是根据一定的价值标准，采用一定的方法，对思想政治教育活动的发展变化、教育效果以及与思想政治教育活动相关的各种条件因素的价值判断过程”[⑥]。

根据上述内容，可以得出的结论是，在这一阶段，学术界对思想政治教育

① 项久雨：《论思想政治教育价值评价的特点及其功能》，《学校党建与思想教育》，2004年第3期。

② 张耀灿、陈万柏主编《思想政治教育学原理》，高等教育出版社，2001，第226页。

③ 王敏：《思想政治教育接受论》，湖北人民出版社，2002，第177—178页。

④ 王勤：《思想政治教育学新论》，浙江大学出版社，2004，第257页。

⑤ 仓道来主编《思想政治教育学》，北京大学出版社，2004，第218页。

⑥ 罗洪铁、董娅主编《思想政治教育原理与方法基础理论研究》，人民出版社，2005，第308页。

评估的界定已经达成了共识，其中以张耀灿和罗洪铁的表述最为全面。学术界认同的观点主要表现在：首先，都认同思想政治教育评估的实质是对思想政治教育的价值进行判断。其次，都认同思想政治教育评估需要依据一定的标准，有的认为根据我国思想政治教育的社会主义性质和要求进行评估，有的认为根据一定阶级、集团的思想政治要求进行评估，而多数人则用“依据一定的标准”进行了概括，这里的“一定的标准”在他们的专著中均有相关的论述。再次，都明确了思想政治教育评估的范围或对象。如，罗洪铁在其专著中这样阐述：一是指出了思想政治教育评估的重点对象是思想政治教育活动，即“思想政治教育活动的发展变化、教育效果”。二是指出了思想政治教育活动各种条件因素都是思想政治教育评估的对象。最后，在含义的界定中都指出了思想政治教育评估应当运用科学的方法。所不同的是，王敏是基于思想政治教育接受效果的评估的角度阐述的，同时王敏还详细地论述了思想政治教育接受效果的优化，形成一个完整的体系。而王勤则把思想政治教育评估作为思想政治教育过程的重要环节来进行论述。因此，可以看出，这一阶段对思想政治教育评估的定义的研究已经处于相当完善的阶段。

（二）思想政治教育评估原则研究

在这一阶段，对思想政治教育评估原则的研究，具有代表性的观点如下：

王勤认为，思想政治教育评估有“客观性、全面性、定性与定量联系、静态与动态结合的原则”[①]。

仓道来认为，思想政治教育评估的原则有：阶级分析的原则、历史主义的原则、全面性的原则。[②]

罗洪铁、董娅认为，思想政治教育评估的原则有：党性原则、实事求是原则、历史性原则、系统性原则、定性与定量有机结合的原则、静态与动态有机结合的原则。[③]

---

① 王勤：《思想政治教育学新论》，浙江大学出版社，2004，第259页。

② 仓道来主编《思想政治教育学》，北京大学出版社，2004，第221页。

③ 罗洪铁、董娅主编《思想政治教育原理与方法基础理论研究》，人民出版社，2005，第315—317页。

陈秉公在辽宁人民出版社出版的《思想政治教育学原理》中总结道：思想政治教育评估的实践原则包括阶级性与科学性相统一的原则、动机与效果相统一的原则、定性与定量相统一的原则、结构与功能相统一的原则、静态与动态相统一的原则。①

本书认为罗洪铁的观点代表了思想政治教育评估理论相对成熟时期学术界关于思想政治教育评估原则的观点。思想政治教育评估的原则是思想政治教育评估活动客观进行的重要保证，是对思想政治教育评估具有普遍意义的客观规律的认识。首先，因为思想政治教育学具有其特殊的学科性质，即为党服务，具有极强的党性，作为思想政治教育学科重要的组成部分，思想政治教育评估首先要坚持党性原则，围绕党的宗旨和任务开展思想政治教育评估活动；其次，思想政治教育评估必须真实、客观和准确地反映思想政治教育的效果和质量，因此，要坚持实事求是的原则；再次，思想政治教育评估是处于一定历史阶段、一定历史活动之中的，因此，要坚持历史性原则。以上“三原则”，是从宏观角度来阐述的；系统性原则、定性与定量有机结合的原则、静态与动态有机结合的原则都是针对具体思想政治教育评估来论述的，如思想政治教育是一个具有不同层次、不同类型，具有整体性结构的系统工程等。因此，本书认为罗洪铁的观点最具代表性，是这一阶段最完善、最全面、最系统的论述。

（三）思想政治教育评估标准研究

在这一阶段，对思想政治教育评估标准的研究，具有代表性的观点如下。

张耀灿、陈万柏认为，思想政治教育评估以思想政治教育实践的社会效果为标准。根本标准表现为：是否有利于社会主义生产力发展和社会历史进步，是否有利于人的全面发展。②

王勤认为，“评价思想政治教育效果的根本标准是要看是否促进了社会

---

① 陈秉公：《思想政治教育学原理》，辽宁人民出版社，2001，目录第9页。

② 张耀灿、陈万柏主编《思想政治教育学原理》，高等教育出版社，2001，第230—231页。

的发展(包括物质文明与精神文明等各方面)和人的全面发展(特别是思想道德素质的发展)”[①]。

仓道来认为,思想政治教育评估的标准应划分为实践的标准、宏观的标准和微观的标准,即对社会发展是否起促进作用、对社会生产力是否起积极作用、思想政治教育的目标和效果是否一致。[②]

罗洪铁、董娅根据思想政治教育评估的内容、主体、客体、时间、活动的先后顺序、集中程度、操作主体、领域、方法、功能等对思想政治教育评估的类型进行了划分。[③]

许克毅、曹凯松指出,思想政治教育的评估可以分为宏观和微观视角,对于宏观评估应该确定辩证统一的目的和效果两重标准,而对于微观评估可以有绝对标准、相对标准、自身标准。[④]

项久雨认为,研究思想政治教育评估的标准应遵循三条原则:“第一,要揭示思想政治教育价值评价的内涵,即它所反映的事物的本质属性的总和。第二,要明确思想政治教育价值评价的外延,即它所确定的对象的范围。第三,对思想政治教育价值评价的内涵和外延的表述要简明扼要,即对定义所反映的事物一般特征加以概括。”[⑤]

由此可见,对思想政治教育评估标准的相关研究,比较一致的观点,都认为思想政治教育评估应该由不同的依据制定不同的标准,依据不同的标准进行思想政治教育评估。也有学者在论文中阐述了思想政治教育评估的标准问题。张耀灿和王勤都提出了根本标准的不同观点,至于学术界怎样看待这样的观点以及到底什么才是思想政治教育评估的根本标准,还需要进一步推敲。而仓道来则以实践、宏观和微观作为标准来进行划分。值得注意的是,

---

① 王勤:《思想政治教育学新论》,浙江大学出版社,2004,第258页。

② 仓道来主编《思想政治教育学》,北京大学出版社,2004,第224—225页。

③ 罗洪铁、董娅主编《思想政治教育原理与方法基础理论研究》,人民出版社,2005,第311—312页。

④ 许克毅、曹凯松:《思想政治教育评估中若干理论问题的探讨》,《西安电子科技大学学报(社会科学版)》,2002年第1期。

⑤ 项久雨:《论思想政治教育价值评价的特点及其功能》,《学校党建与思想教育》,2004年第3期。

罗洪铁、董娅虽然没有明确提出思想政治教育评估的标准是什么，但是从具体内容方面进行了更为详细的阐述和分析，如根据思想政治教育评估的内容、主体、客体、时间、活动的先后顺序、集中程度、操作主体、领域、方法、功能、价值标准等划分标准，本书认为这也是思想政治教育评估标准理论完善及发展过程中必须要重视的问题。

（四）思想政治教育评估途径与方法研究

在这一阶段，对思想政治教育评估途径与方法的研究，具有代表性的观点如下：

张耀灿、陈万柏认为思想政治教育评估的具体方法有：一是实地调查评估法。其中包括：(1)实地考察；(2)抽样调查；(3)追踪调查；(4)横向对比。二是模拟情景评估法。其中包括两个部分：(1)模拟情景评估的准备工作（组建模拟评估小组、设置模拟评估实验室、确定思想和能力素质的评估指标体系）；(2)模拟情景评估的实施形式和方法（案例处理、小组讨论、口试）。三是模糊综合评判法（设定两个论域X和Y；建立单项指标评估矩阵；确定评估指标权重系数矩阵；将单个因素评估矩阵与权重系数矩阵进行复合运算）。[①]

仓道来认为思想政治教育评估的途径有：组织专家组进行评估、领导部门进行评估、放手发动群众进行评估。思想政治教育评估的方法有：矛盾分析法、定性分析的方法、定量分析的方法、分析和综合的方法、比较的方法。[②]

罗洪铁、董娅把思想政治教育评估的方法作为一个系统来研究，进行了相当精细的设计和论述，认为思想政治教育评估体系作为思想政治教育活动中重要的组成部分，包括三个子系统：思想政治教育评估组织体系、思想政治教育评估指标体系、思想政治教育评估方法体系。它们的设计和构建是相互联系、相互作用和相互交错的。[③]

黄蓉生在《当代思想政治教育方法论研究》一书中指出，思想政治教育评

① 张耀灿、陈万柏主编《思想政治教育学原理》，高等教育出版社，2001，第237—242页。

② 仓道来主编《思想政治教育学》，北京大学出版社，2004，第226—231页。

③ 罗洪铁、董娅主编《思想政治教育原理与方法基础理论研究》，人民出版社，2005，第319页。

估的方法包括:经验评估法、模糊综合评估法、定性评估法、定量评估法、检验评估法。[①]

陈秉公指出,思想政治教育评估的方法包括定性分析法和模糊综合评估法。[②]

学术界一致认为,思想政治教育评估方法是进行思想政治教育评估采取的特定的科学的技术手段,有着不可替代的作用。到这一阶段,学术界出现过的思想政治教育评估方法有近百种之多,在2000年之前,出现的大多是思想政治教育评估的一般方法,如系统分析法、目标检验法、纵横比较法、矛盾分析法、定性分析的方法、定量分析的方法、分析和综合的方法、比较的方法等。而在此阶段,最具创新性质的有两个方面,一是着重研究思想政治教育评估的具体方法,如张耀灿、陈万柏在《思想政治教育学原理》一书中就介绍了思想政治教育评估的三种具体方法,即实地调查评估法、模拟情景评估法和模糊综合评判法。该书还分别对其进行了系统的阐述。二是把思想政治教育评估方法作为一个系统来研究。如罗洪铁、董娅在《思想政治教育原理与方法基础理论研究》一书中,不仅将其作为一个系统来研究,而且进行了相当精细的设计和论述,将思想政治教育评估方法分为四个层次来研究。

(五)思想政治教育评估范围研究

在这一阶段,对思想政治教育评估范围的研究,具有代表性的观点如下。

王敏认为,思想政治教育效果的评价应该包括对接受效果与接受过程进行评价。对思想政治教育接受效果的评价首先看思想政治教育接受活动是否带来了可观测的结果(物质的和精神的)。[③]

王勤认为,思想政治教育评估范围应该包括:思想政治教育的目标是否达成,思想政治教育的内容是否合适,教育者所运用的方法是否恰当,教育者和受教育者的互动是否正常,受教育者的思想品德表现是否有进步,教育活

① 黄蓉生:《当代思想政治教育方法论研究》,西南师范大学出版社,2000,第152—156页。

② 陈秉公:《思想政治教育学原理》,辽宁人民出版社,2001,第367—368页。

③ 王敏:《思想政治教育接受论》,湖北人民出版社,2002,第179—183页。

动对工作和生产是否具有促进作用等。①

仓道来对思想政治教育评估范围的界定有:对思想政治教育效果的评估,对思想政治教育效果性质和社会作用的评估,对思想政治教育的目标、内容设定的评估,对思想政治教育实施的途径和方法的评估,对思想政治教育领导和管理部门的评估以及对教育者和被教育者的评估。②

对思想政治教育评估的范围研究,上一个阶段已经比较系统了,而这一阶段,学者们主要是在以前的基础上加以完善。王敏主要是从接受过程和接受效果两个方面进行论述,而王勤则从思想政治教育过程的角度来阐述,认为思想政治教育评估范围的最终落脚点是思想政治教育的效果,与王敏的观点一致。仓道来主要分为六个方面进行了论述,其内容跟上一阶段罗洪铁的观点一致。

(六)思想政治教育评估指标体系研究

在这一阶段,对思想政治教育评估指标体系的研究,具有代表性的观点如下。

张耀灿、陈万柏认为思想政治教育评估的指标体系应该是一个完整的系统,要反映思想政治教育多侧面的立体功能,就必须有一系列与它相适应的指标体系,这样才能全面、客观地反映思想政治教育的真实情况,因此需要贯彻科学性与可行性相统一、指标体系的基本固定和权值变化相统一、指标体系的建立需要因地制宜的指导思想。其中,科学的指标包含抓住事物本质、指标客观可测和指标体系可行。③

陈秉公认为,思想政治教育评估指标体系是指诸评估指标相互联系、相互制约而组成的指标有机整体。建立科学的思想政治教育评估指标体系要遵循的指导思想主要有:科学性、可行性、少而精、微分化、可比性。④

---

① 王勤:《思想政治教育学新论》,浙江大学出版社,2004,第257页。

② 仓道来主编《思想政治教育学》,北京大学出版社,2004,第222—224页。

③ 张耀灿、陈万柏主编《思想政治教育学原理》,高等教育出版社,2001,第258—259页。

④ 陈秉公:《思想政治教育学原理》,辽宁人民出版社,2001,第364—365页。

邱柏生认为,思想政治教育评估指标体系要客观反映或评价思政活动及效果的主题或根本,而不是舍本逐末,要有科学导向作用和可操作性,并应包括主观测评参数和客观衡量参数。[①]

罗洪铁、董娅认为,评估指标体系应该由指标系统和指标权重集合两个基本系统构成。思想政治教育评估指标体系设计应该满足科学性、应用性的要求。特别是在应用性方面,罗洪铁、董娅提出了指标应该有较高的清晰度,指标的设计要在最大程度上符合被评估领域语言与叙述方式的规范,要尽量简短、精练。具体的指标包括:(1)确定评估的目标,即零级指标;(2)分解目标,确定分级指标;(3)编制评估指标体系表格;(4)选择权重确定方法;(5)根据评估的类型与评估对象的特性,选择专业评估方法;(6)编制评估软件、软件调试;(7)评估指标体系实验及软件验收;(8)完善评估指标体系。[②]

思想政治教育指标体系的建立,从2000年至2005年,最具代表性的观点如上所述。其中,张耀灿、陈万柏主要从七个方面阐述了建立一个科学的指标体系应该注意的事项,还在此基础上介绍了建立思想政治教育评估指标体系一般要遵循的步骤,从整体上讲,是较为系统的观点。陈秉公则阐述了思想政治教育评估指标体系是指诸评估指标相互联系、相互制约而组成的指标有机整体以及建立科学的思想政治教育评估指标体系要遵循的指导思想。邱柏生的观点,不仅规定了三类评估指标的权重关系,而且将这些指标体系具体化了。而罗洪铁、董娅则比较注重思想政治教育评估的操作,除了阐述一些基本的理论之外,还花大量的篇幅讲述了怎样建立指标体系,介绍了具体的指标设计,包括八个步骤,是一个完整的、相对科学的指标体系。罗洪铁、董娅还特别强调了在应用性方面,指标应该有较高的清晰度,指标的设计要在最大程度上符合被评估领域语言与叙述方式的规范,要尽量简短、精练。

(七)思想政治教育评估的实施程序

在思想政治教育评估的实施程序这一方面的研究,从2000年至2005年,最具代表性的是罗洪铁、董娅。他们在《思想政治教育原理与方法基础理论

① 邱柏生:《思想政治教育学科评估指标体系问题》,《学校党建与思想教育》,2003年第11期。

② 罗洪铁、董娅主编《思想政治教育原理与方法基础理论研究》,人民出版社,2005,第331—339页。

研究》一书中指出，思想政治教育评估实施程序可以分为思想政治教育评估的准备阶段、操作阶段和评估结果处理阶段。准备阶段具体有四项工作：一是组建思想政治教育评估组织体系与人员配置；二是确定思想政治教育评估的目标，制定评估方案；三是设计评估指标体系与制定评估规则；四是开展思想政治教育评估宣传。操作阶段具体有五项工作：一是搜集思想政治教育评估信息、资料；二是整理评估信息、资料；三是根据评估信息、资料进行具体指标打分；四是统计各项指标的得分结果；五是利用评估软件进行具体评估。评估结果处理阶段具体有三项工作：一是审核评估质量，编写评估报告；二是向相关部门反馈评估报告，公布评估结果；三是文件归档，完成一次评估的循环。①

本书认为，罗洪铁、董娅在其专著中的论述是把思想政治教育评估的实施看作一个系统，他们认为，从一般意义上的评估系统与过程来看，它们都是一个有序的控制过程，任何一种评估实施活动的程序与步骤都大同小异。他们将思想政治教育评估的实施程序分三个阶段进行了阐述，还制作了思想政治教育评估实施流程图。本书认为思想政治教育评估的实施程序是评估活动全过程要遵循的环节和步骤，是评估活动客观规律性的规范化表现，而上述观点正是对此最好的诠释，阐述得很详细，很系统，层次递进。

三、思想政治教育评估理论的继续繁荣阶段(2005—　)

(一)思想政治教育评估定义研究

在这一阶段，对思想政治教育评估定义的研究，具有代表性的观点如下。

孙梦云等学者对此进行了更为细致的界定，认为思想政治教育评估是指思想政治教育决策和管理者为了检测思想政治教育的价值和有效性，为思想政治教育改革提供经验总结而运用测量、统计、系统分析等一系列先进技术和定性定量分析方法对思想政治教育活动的参与者、现象、活动程序的价值判断过程。②

---

① 罗洪铁、董娅主编《思想政治教育原理与方法基础理论研究》，人民出版社，2005，第357—362页。

② 孙梦云、杨国辉、曹友华：《思想政治教育评估的研究状况分析》，《湖南师范大学社会科学学报》，2006年第1期。

郑永廷认为，思想政治教育的检测评估，是根据教育目的的要求，运用一定的评估指标和评估方法，检查和评定教育效果的教育环节。思想政治教育的检测评估实质上是对思想政治教育的价值判断过程。[①]

刘新庚认为，思想政治教育的评估是现代思想政治教育管理的重要方法。它包含检测和评价两个步骤，是现代思想政治教育活动中根据特定教育目的，遵循一定的原则和标准，采用一定的方法来检查和评定教育效果的重要环节。实质上，评估是对思想政治教育活动的价值判断过程，其主要任务是评判现代思想政治教育活动实现社会价值的方向和程度。同时，它也是客观评价教育工作效果、不断提高教育质量的重要途径，是加强和改进思想政治教育工作的重要措施。[②]

徐志远在《现代思想政治教育学范畴研究》中提到思想政治教育评价，是指评价者依据一定的思想政治教育评价标准，运用测量与统计分析及定性与定量相结合的科学方法，通过信息反馈，对思想政治教育的过程和效果进行实事求是的分析，作出定性评述和定量估价的活动。[③]

陈秉公认为，“所谓思想政治教育评估，就是通过科学的反馈，对思想政治教育的过程和效果进行实事求是的分析，作出定性定量等评价”[④]。

郝文清在合肥工业大学出版社出版的《现代思想政治教育学》中对评估的特点作了进一步的研究，认为思想政治教育评估应该包括整体性、综合性、动态性、对比性、系统性、导向性的特点。[⑤]

赵志军、于广河、李晓元认为，思想政治教育评估是思想政治教育管理的重要组成部分，它是由国家思想政治教育行政主管部门主持的，由思想政治教育科研机构的专家学者和社会各界思想政治教育管理专家参与的，依据党和国家思想政治教育有关文件精神，按照思想政治教育内在的价值标准，对

① 郑永廷主编《思想政治教育方法论》，高等教育出版社，2010，第268页。

② 刘新庚：《现代思想政治教育方法论》，人民出版社，2006，第352页。

③ 徐志远：《现代思想政治教育学范畴研究》，人民出版社，2009，第228页。

④ 陈秉公：《思想政治教育学原理》，高等教育出版社，2006，第327页。

⑤ 郝文清主编《现代思想政治教育学》，合肥工业大学出版社，2008，第358—360页。

社会各系统(部门、单位)进行的,在系统而广泛地搜集信息、充分地占有数据的基础上,运用现代技术手段,有计划、有组织地对思想政治教育的领导体制、组织机构、规章制度、内容、途径、方法、教育者、受教育者、硬件建设等,以及思想政治教育效果,作出价值判断,以保证思想政治教育目标实现并为思想政治教育决策提供依据的活动。思想政治教育评估是对思想政治教育活动过程进行宏观调节和控制的重要手段。[①]

在这一阶段,很多学者都是引用之前的观点,并没有对思想政治教育评估的定义作出很大的改动,如刘新庚《现代思想政治教育方法论》2006版和2008版中对此的定义一致;陈秉公这一阶段的专著中,其概念与之前一致;而郝文清所认同的观点也与之前一致;徐志远则引用了陈万柏、万美容、李东升主编的《思想政治教育学原理新编》中对思想政治教育评估的界定。所不同的是,他们在整个评估体系上补充了很多内容,使其更加系统化。郝文清等人都对评估的特点进行了论述。赵志军、于广河、李晓元从管理学的角度对思想政治教育评估的概念进行了阐述,但是第一次从管理学角度界定思想政治教育评估的并不是他们,邱伟光在1988年的《思想政治教育学概论》中就曾经从管理学的角度论述了思想政治教育评估。这一时期对思想政治教育定义的研究,主要以继承为主,但仍然可以很明显地看到,这一阶段的观点变化更加充分地展示了思想政治教育评估理论在以往的基础上不断完善的发展过程。

党的十八大以来,高校思想政治教育评估的研究得到了进一步的重视和支持,大量思想政治教育工作者和研究者意识到了思想政治教育评估理论研究与实际应用无法同步的问题。自此,学者们的观点逐步趋向一致,开始着眼于把高校思想政治教育评估的方法和价值判断以及过程相结合,强调评估是以方法为工具,对高校思想政治教育的实际效果以及过程的价值作出判断,借此研究构建具有可操作性、可推广性的高校思想政治教育评估体系,将高校思想政治教育评估的理论落实到推动高校思想政治教育的实践中,高校思想政治教育评估的研究在评估原则、评估范围、指标体系、途径方法、评估过程等方面都取得了一定的进展。

---

① 赵志军、于广河、李晓元:《思想政治教育管理学》,中国社会科学出版社,2009,第206—207页。

(二)思想政治教育评估原则研究

在这一阶段,对思想政治教育评估原则的研究,具有代表性的观点如下。

刘新庚认为,思想政治教育评估原则有:坚持方向性与客观性并举、凸显全面性与民主性特色、注重“知”与“行”的统一、强化“德”与“才”的一致。[①]

郑永廷认为,思想政治教育检测评估的原则主要有理想性和务实性的统一、全面性和开放性的统一、“知”与“行”的统一、“德”与“才”的统一。[②]

陈秉公认为,思想政治教育评估的基本原则有:阶级性与科学性相统一的原则、动机与效果相统一的原则、定性与定量相统一的原则、结构与功能相统一的原则、静态与动态相统一的原则。[③]

郝文清认为,思想政治教育评估原则包括:阶级性原则、历史性原则、全面性原则、相对性原则、根本目标和具体目标相统一的原则、质和量相统一的原则、过程与结果相统一的原则。[④]

赵志军、于广河、李晓元认为,思想政治教育评估原则有:导向性与目标性相统一的原则、客观全面的原则、创新性与发展性相统一的原则。[⑤]

徐志远认为,思想政治教育评价的原则有:方向性原则、辩证性原则、客观性原则、全面性原则。[⑥]

成春、李向成指出,在高校思想政治教育评估过程中,定性与定量评估的方式已经获得学界的普遍认可,同时在此基础上应该进一步坚持目标导向原则,兼顾整体性、系统性原则和可操作性原则。[⑦]

陶思亮等人认为,高校思想政治教育评估还应该坚持协同性原则,以利

① 刘新庚:《现代思想政治教育方法论》,人民出版社,2006,第354—357页。

② 郑永廷主编《思想政治教育方法论》,高等教育出版社,2010,第269—271页。

③ 陈秉公:《思想政治教育学原理》,高等教育出版社,2006,目录第7页。

④ 郝文清主编《现代思想政治教育学》,合肥工业大学出版社,2008,第360—363页。

⑤ 赵志军、于广河、李晓元:《思想政治教育管理学》,中国社会科学出版社,2009,第212—213页。

⑥ 徐志远:《现代思想政治教育学范畴研究》,人民出版社,2009,第233—235页。

⑦ 成春、李向成:《定性与定量测评相结合原则在大学生思想政治教育测评中的应用研究》,《思想教育研究》,2013年第12期。

于高校多元德育工作主体的融合，多元思想政治教育培养模式的融合。[①]

学术界对思想政治教育原则在近几年的研究，相对之前的研究成果而言，增加了很多原则，如目标和具体目标相统一的原则、阶级性与科学性相统一的原则、“知”与“行”的统一和“德”与“才”的一致等，但从整体上来看，并没有取得很大的成就，大多都是在对之前的一些观点进行阐述，缺乏创新性，尚需加大研究力度。在深入研究的过程中，需要进一步探讨操作性较强，能够为高校思想政治教育评估工作者直接运用的原则。这是一项难度十分大的工作，要求研究者要有雄厚的高校思想政治教育理论功底与丰富的高校思想政治教育评估实践经验。

（三）思想政治教育评估标准研究

在这一阶段，对思想政治教育评估标准的研究，具有代表性的观点如下。

刘新庚认为，思想政治教育评估标准应分为最高标准和具体标准。最高标准是方向、目标，制约具体标准；具体标准是最高标准的具体体现。具体标准分为效能标准和素质标准两个方面。[②]

沈壮海认为，在思想政治教育者与思想政治教育结果这一价值关系中，对思想政治教育结果有效性的评价以思想政治教育结果的合目的性为评价标准；在思想政治教育的持续开展与思想政治教育结果这一价值关系中，对思想政治教育结果有效性的评价以思想政治教育结果是否具有教育性，即思想政治教育结果对思想政治教育活动的持续进行是否具有积极促进作用为评价标准；在思想政治教育对象与思想政治教育结果这一价值关系中，对思想政治教育结果有效性的评价以思想政治教育结果是否能够满足思想政治教育对象的相应需要为评价标准，思想政治教育结果的有效性表现为思想政治教育结果所具有的个体需要满足性；在社会与思想政治教育结果这一价值关系中，对思想政治教育结果有效性的评价以思想政治教育结果是否能够满

---

① 陶思亮、陈正芹、朱惠蓉：《高校治理视域下德育工作创新发展探析》，《思想理论教育》，2017年第3期。

② 刘新庚：《现代思想政治教育方法论》，人民出版社，2006，第359—364页。

足社会的相应需要为评价标准，思想政治教育结果的有效性表现为它所具有的社会需要满足性。①

郝文清认为，思想政治教育评估的最高标准是人类的实践活动，根本标准是思想政治教育的社会效果。他认为，思想政治教育的社会效果评价应该是一个丰富的内容，需要符合精神层面和物质层面的“三个有利于”标准。②

郑永廷认为，思想政治教育检测评估一般分为最高标准和具体标准，其中最高标准包括是否代表中国先进生产力的发展要求、是否代表中国先进文化的前进方向、是否代表最广大人民的根本利益、是否坚持以人为本积极推进经济社会全面协调可持续发展。具体标准是在最高标准指导下用来反映思想政治教育客观效果的诸多具体指标的总和，包括效能指标和素质指标。③

赵志军、于广河、李晓元认为，思想政治教育工作评估的根本标准表现为：先进生产力的发展要求是思想政治教育价值主体的重要标准，民族凝聚力是判断思想政治教育价值实现的内在要求，社会主义精神文明建设是评价思想政治教育实现社会性价值的标准。④

乔永忠认为，思想政治教育评估标准的建构：首先是政治标准，其次是思想标准，再次是实事求是标准。⑤

上述具有代表性的观点中，本书认为沈壮海在其《思想政治教育有效性研究》（第二版）一书中的观点最为突出，名副其实地成为这一阶段的代表。沈壮海从思想政治教育者、思想政治教育的持续开展、思想政治教育对象和社会等四个方面入手研究思想政治教育评估的价值标准，其研究具有进步性，观点新颖，论据充分。其他学者也纷纷对思想政治教育评估的标准进行了论述，有的认为应该分为最高标准和具体标准，有的认为应该分为根本标

① 沈壮海：《思想政治教育有效性研究》（第二版），武汉大学出版社，2008，第129—130页。

② 郝文清主编《现代思想政治教育学》，合肥工业大学出版社，2008，第366—367页。

③ 郑永廷主编《思想政治教育方法论》，高等教育出版社，2010，第272—273页。

④ 赵志军、于广河、李晓元：《思想政治教育管理学》，中国社会科学出版社，2009，第216页。

⑤ 乔永忠：《论思想政治教育绩效评价及其指标体系构建》，《法制与社会》，2007年第5期。

准和具体标准,有的认为应划分为政治标准、思想标准和实事求是标准,等等,而且各自对其观点进行了论述。

(四)思想政治教育评估途径与方法研究

在这一阶段,对思想政治教育评估途径与方法的研究,具有代表性的观点如下。

陈秉公认为,思想政治教育评估方法有定性分析法(以“对本单位人员思想品德的定性分析”和“对所属单位思想政治教育的定性分析”为例)和模糊综合评估法(其步骤包括建立评估指标体系和数据的搜集)。①

郑永廷认为,思想政治教育检测评估的方法有比较评估法和达度评估法、群体评估法和个体评估法、自我评估法和他人评估法、定性评估法和定量评估法、网络评估法。②

郝文清认为,思想政治教育评估方法有很多,但很多都不太完善,还需要进一步加强研究,相对客观、易行的评估方法主要有实地调查评估法和定性分析法。③

赵志军、于广河、李晓元认为,思想政治教育评估方法有定性评价法、定量评价法和综合评价法。④

徐志远认为,思想政治教育评价的方法有实践检验法、模糊综合评价法和模拟情景评价法。⑤

乔永忠根据评价其效果或价值时所应遵循的程序、途径和办法,将思想政治教育绩效评价方法划分为定性评价和定量评价两大类。其中定性评价方法主要有系统分析法和比较分析法。定量评价方法主要有数量化评价法、目标管理法、效益评定法、接受程度评定法和分等加权法。⑥

---

① 陈秉公:《思想政治教育学原理》,高等教育出版社,2006,第335—336页。

② 郑永廷主编《思想政治教育方法论》,高等教育出版社,2010,第280—283页。

③ 郝文清主编《现代思想政治教育学》,合肥工业大学出版社,2008,第371页。

④ 赵志军、于广河、李晓元:《思想政治教育管理学》,中国社会科学出版社,2009,第216—217页。

⑤ 徐志远:《现代思想政治教育学范畴研究》,人民出版社,2009,第235—236页。

⑥ 乔永忠:《论思想政治教育绩效评价及其指标体系构建》,《法制与社会》,2007年第5期。

杨瑞东、倪士光借助顾客满意度指数模型，从高校思想德育质量、价值感知、学生满意度和行为意向等四个方面出发，通过设计德育教育的学生满意度量表，对思想政治教育质量进行了评估分析。①

沈壮海、段立国认为，思想政治教育评估内容较为繁杂、评估对象较为多样、评估体系较为复杂，单靠一种评估方式是不够的，需要通过多种评估渠道，建立标准化、客观化、定量与定性相结合的全方位、全过程的评估方法。②

总而言之，从研究来看，学术界统一的观点是，依靠单一的评估方法难以解决思想政治教育评估所面临的严峻的现实问题，只有依靠多种评估方法，将之综合起来，才有可能把思想政治教育评估的工作做好。而随着思想政治教育学科的发展，思想政治教育评估方法也越来越完善，不过也存在缺陷，即思想政治教育评估的操作性在思想政治教育方法上没得到最佳诠释。另外一个问题是，有一些专著和论文倾向于运用大量的数学分析方法，整个评估过程虽然很细致，但是思想政治教育学是一门人文学科，这样的做法易于让思想政治教育工作者忽视对思想政治教育评估工作整体关系的把握。

（五）思想政治教育评估范围研究

在这一阶段，对思想政治教育评估范围的研究，具有代表性的观点如下。

陈秉公认为，思想政治教育评估的范围包括对受教育者的评估、对教育者的评估、对教育部门的评估、对思想政治教育过程的评估。③

郝文清认为，思想政治教育评估的范围包括对受教育者的评估，对教育者的评估，对思想政治教育的教育部门的评估，对思想政治教育过程的途径、方式、形式、方法的评估和对这些要素系统组成的整个教育过程的整体评估，对社会环境的评估（包括经济环境、政治环境和精神环境）。④

① 杨瑞东、倪士光：《基于学生满意度的德育评价模型的开发与应用》，《现代教育技术》，2014年第8期。

② 沈壮海、段立国：《思想政治教育测评研究的回顾与展望》，《思想教育研究》，2014年第9期。

③ 陈秉公：《思想政治教育学原理》，高等教育出版社，2006，第328—329页。

④ 郝文清主编《现代思想政治教育学》，合肥工业大学出版社，2008，第354—357页。

赵志军、于广河、李晓元认为,思想政治教育评估全面性原则要求该项评估范围包括思想政治教育的全过程。具体讲有以下几方面的内容:一是思想政治教育实施,包括组织领导、制度建设、队伍建设;二是思想政治教育途径,包括思想政治理论教育、日常思想政治工作、党团工作、社会实践等;三是思想政治教育效果,包括员工的思想政治面貌、精神状态、违法违纪情况、突出的思想政治教育业绩。①

徐志远等学者提出按照思想政治教育评估的全面性原则,依照思想政治教育的过程分析,思想政治教育评估范围既要注重评价思想政治教育是否有利于社会生产力发展,又要注重评价思想政治教育是否有利于社会主义精神文明建设,即在物质成果和精神成果两个方面的统一中进行评价,既要看到现实的效果,又要注重潜在的发展。②

通过比较分析发现,高校思想政治教育评估应该涵盖五项基本内容:一是对高校思想政治教育主体的评估,二是对高校思想政治教育对象的评估,三是对高校思想政治教育组织的评估,四是对高校思想政治教育过程的评估,五是对高校思想政治教育效果的评估。这一观点也获得了学术界的普遍认可。随后的一些学者,在这一基础上不断深耕,又将传统的主客体评估推向了多元主体评估。

张亚丹、何会宁指出,大学生既是高校思想政治教育评价的对象,也是评价的主体,高校思想政治教育评价应该引导大学生积极主动地参加到评价过程中来,这样才能客观地对其精神世界进行评价。③

倪胜巧认为,高校思想政治教育评估应该发展“多元主体”,通过交叉评估的方式,扩大高校思想政治教育评估的范围,实现校内与校外、课内与课外、自评与他评的评估。④

---

① 赵志军、于广河、李晓元:《思想政治教育管理学》,中国社会科学出版社,2009,第212页。

② 徐志远:《现代思想政治教育学范畴研究》,人民出版社,2009,第235页。

③ 张亚丹、何会宁:《发展性评价视角下大学生思想政治教育价值评价内涵和方法探析》,《学校党建与思想教育》,2013年第14期。

④ 倪胜巧:《高校学生思想政治教育工作绩效评估机制研究》,《教育与职业》,2013年第20期。

随着时代和社会的不断发展，思想政治教育学的体系也在不断完善，而思想政治教育评估也随着学科体系的完善，其内容不断增多，思想政治教育评估的范围界定难度也随之增加。上述观点虽然在不断地完善和发展，但是并未取得大的突破，如郝文清提出的观点，与国家教委思想政治工作司组编的《思想政治教育学原理》一书的观点相比，无论是在内容还是在体系上都没有发生改变。

（六）思想政治教育评估指标体系研究

在这一阶段，对思想政治教育评估指标体系的研究，具有代表性的观点如下。

陈秉公认为，建立科学的思想政治教育评估指标体系的指导思想为：科学性、可行性、少而精、微分化（设置指标的实质是科学地分解评估对象，要使指标体系达到较高的清晰度，必须微分化，将各项基本指标向下分解开）、可比性，并以“大学生综合素质测评指标体系的基本模式”为例作了阐述。大学生综合素质测评指标体系的基本模式可以从思想品德、智力素质、能力素质、体育素质这四个指标来分别进行评估。[①]

郝文清认为，思想政治教育的指标体系由指标系统和指标权重集合构成。指标系统反映的是指标的结构形式，指标权重集合反映的是不同指标或指标集合的重要程度。他认为，一个完整的思想政治教育评估指标应该由零级指标、一级指标、二级指标……直到末级指标集合而成。评估指标系统就是对应确定的评估指标的权重系数系统。[②]

乔永忠认为，评价指标体系由指标系统和指标权重集合构成。评价指标系统反映了指标的结构形式，指标权重集合反映了不同指标或指标集合的重要程度。评价指标是由目标逐级分解得到的，所以评价指标系统是一个具有分级的模块结构的指标集合。评价指标系统对应确定的评价指标的权重系

---

① 陈秉公：《思想政治教育学原理》，高等教育出版社，2006，第332—333页。

② 郝文清主编《现代思想政治教育学》，合肥工业大学出版社，2008，第368页。

数系统。在评价对象和评价原则确定的前提下，思想政治教育指标体系的构建一般应该包括以下环节：确定评价目标、分解评价目标、构建体系结构、选择权重确定方法、选择评价方法、完善指标体系。该学者从更为广泛和全面的角度将思想政治教育的评价体系设计为三级评价指标体系。①

刘倩提出，准确把握以动态发展为基础的理论维度，在思想政治教育评估过程的动态发展中不断丰富思想政治教育评估指标体系，实现思想政治教育评估指标体系的理论创新，是科学构建思想政治教育评估指标体系的必然要求。②

李杰以大学生政治素养为研究重点，针对大学生、辅导员、专任教师、管理人员等不同主体，采用问卷调查法，从不同层面设置了大学生政治素质评估的一级、二级指标体系和权重，基本确立了大学生政治素质的评估体系。③

思想政治教育评估的指标体系是各个评估指标之间相互联系、相互区别，能够正确地反映思想政治教育效果的一个完整的结构。学者们对高校思想政治教育评估指标体系的研究，无论是设计原则还是设计环节都很完备，具有较高的理论价值。但是从实践与操作的角度来看还是有所欠缺，值得进一步研究。制定和设计出一套标准化、程式化的指标设计程序，能为评估实践活动提供更加科学、高效的实践指导。

（七）思想政治教育评估的实施程序

在这一阶段，对思想政治教育评估的实施程序，具有代表性的观点如下。

郑永廷认为，思想政治教育的评估检测大致按以下步骤执行：第一，确定指标及指标体系。第二，确定权重系数。第三，设立指标等级。第四，进行试评，检验评估方案。第五，开展评估，作出结论。④

侯坤、段冉认为，思想政治教育评估工作的操作实质上是一个搜集、整理

① 乔永忠：《论思想政治教育绩效评价及其指标体系构建》，《法制与社会》，2007年第5期。

② 刘倩：《思想政治教育评估指标体系研究的困境与出路》，《思想教育研究》，2013年第4期。

③ 李杰：《大学生政治素质评估研究》，博士学位论文，中国地质大学，2013。

④ 郑永廷主编《思想政治教育方法论》，高等教育出版社，2010，第276—277页。

和分析的过程,这个阶段的工作主要是运用现代评估方法与技术,搜集和整理所需要的全部评估信息,在确认这些信息的准确性和可靠性后,采取定性、定量有机结合的手段对评估客体作出价值判断,形成评估结论。主要有以下过程:搜集思想政治教育评估信息、资料;整理评估信息、资料;根据评估资料信息进行具体指标打分;统计各项指标得分结果;执行评估软件,进行具体评估。①

① 侯坤、段冉主编《思想政治教育学原理》,电子科技大学出版社,2016,第189—190页。

第三节 高校思想政治教育评估理论的研究意义

思想政治教育评估是思想政治教育的一个基本环节，是完整的思想政治教育过程不可或缺的一部分。对思想政治教育进行科学的、客观的、有效的评估，是对思想政治教育的实际反馈，确定了思想政治教育实施的真实效果，能为有效地进行思想政治教育提供依据。加强思想政治教育评估的研究既是一个理论问题，又是一个实践问题，从根本上说，对思想政治教育的发展和社会的要求而言，更是一个现实问题。因此，研究思想政治教育评估理论的形成和发展，无论是对具体的思想政治教育过程价值的衡量和实现，还是对思想政治教育学科理论系统的完善和发展，都有着重要的理论价值和实践价值。

一、高校思想政治教育评估理论研究的理论意义

在研究思想政治教育评估的理论价值方面，本书认为，思想政治教育评估研究，是实现思想政治教育科学化的重要前提。其具体的理论价值表现在如下几个方面。

（一）丰富和完善高校思想政治教育评估理论

研究思想政治教育评估理论对其自身的完善具有理论意义。思想政治教育评估作为思想政治教育重要的环节之一，从某种意义上讲，能够独立地

发挥其独特的作用。高校思想政治教育评估不是静止的,它随着人们认识客观事物能力的提高以及现代科学技术的发展,更好地为高校思想政治教育服务,但这一发展是建立在充分认识高校思想政治教育评估理论的独特性之上的。同时,思想政治教育评估是具有社会历史性的,一方面,它总是在一定的历史阶段上进行,都要以一定的具体的历史条件为前提,并受其限制;另一方面,它又改变原有的历史条件,并随着历史的发展而发展。所以思想政治教育评估不是静止的,而是随着人们认识客观事物能力的提高以及现代科学技术的发展而发展的。因此,研究思想政治教育评估理论,要充分认识其特点和功能,确立思想政治教育评估的原则,构建完整的思想政治教育评估体系,深化思想政治教育评估理论。思想政治教育的正确评估,作为高校思想政治教育真实的、正确的反馈,揭示了高校思想政治教育的实际效果,有利于确保高校思想政治教育的地位。

(二)丰富和完善高校思想政治教育学的学科理论体系

纵观40余年思想政治教育学科发展史,思想政治教育的评估不是一成不变的,而是随着人们思维能力的提高和科学技术的发展而不断推陈出新的。理论通过实践能得到检验和发展,正确的被证实,错误的被发现和纠正,不完全的得到补充和完善。首先,思想政治教育评估是高校开展思想政治教育的一个基本环节,也是高校在特定时期确定思想政治教育的目标,选择内容和方法,从而实施教育的过程。具体的思想政治教育活动,通常有目标决策、实施过程、总结经验、反馈评估几个基本环节。而思想政治教育评估是根据一定的客观尺度,对思想政治教育实施的过程及其结果进行定性、定量等综合评判的过程,是思想政治教育正确决策的基础,是思想政治教育实施有效管理的关键,是思想政治教育全面总结的依据。从某种意义上讲,评估既是终点,又是起点,是具体的思想政治教育的连接点。其次,思想政治教育学是建立在思想政治教育实践理论基础上的系统化的理论科学体系。目前,我们对高校开展思想政治教育的经验和资料还缺乏系统的总结和归纳,而思想政治教育评估就是总结经验、完善学科理论的重要途径。思想政治教育评估是在原有经验的基础上,结合现阶段的实际情况得到的研究成果。对其进行深入研究不仅有利于发现其学科理论不够成熟和完善的地方,而且有利于总结新经验,概括新理论,从而进一步拓宽思想政治教育研究的视野,促进思想政治教育学科的科学化。思想政治教育评估理论是学科理论的重要构成部分。思想政治教育评估对本学科建设的贡献主要体现在:一是发现本学科理论体系的不完善、不成熟之处。二是总结新经验,提升新理论。三是可以进一步把握思想政治教育活动的规律。四是发现新问题,找出解决的方法,从而为确立思想政治教育的发展方向提供依据与参考。

(三)理论上论证高校思想政治教育实践活动的科学性

长期以来,总有人狭隘地认为思想政治教育是一项由统治阶级随意左右的主观性活动,没有科学性。而事实上,从哲学的角度讲,实践活动是具有客观现实性的,实践的客观性在于实践的主体、实践的客体和实践的手段诸要素及实践的结果都具有客观现实性;实践活动遵循现实经验世界的客观规律,虽然包含目的、意志、情感和认识等主观因素,但这些因素都体现在评估活动的具体方式之中,这种方式是客观的。高校思想政治教育活动也不例外,它有自身的规律。客观规律是不以人的意志为转移的,如果不遵循规律,就不可能取得良好的教育效果。高校思想政治教育评估以人和社会发展的需要为尺度,对现实的思想政治教育作出价值判断,以使人摆脱盲目,能够预测和确定要努力的方向,明白应该争取什么样的思想政治教育,进而推进高校思想政治教育的创新和发展,使高校思想政治教育满足人和社会发展的需要。高校思想政治教育评估是运动变化的,是随着人们认识客观事物能力的提高以及现代科学技术的发展而发展的。高校思想政治教育评估正是结合教育统计学、测量学、模糊数学、计算机技术等相关的现代科学理论,运用科学、有效的方法,对高校思想政治教育的相关活动进行检查、总结和改进,通过正确、有效的评估,认清高校思想政治教育相关活动的规律,拓展对高校思想政治教育评估的研究,进一步认识高校思想政治教育活动的规律。总结科学的高校思想政治教育评估理论是对高校思想政治教育活动科学性的重要论证，为丰富和完善高校思想政治教育学科理论体系奠定基础，对加强高校思想政治教育基础理论建设，促进学科的科学化具有重要的意义。高校思想政治教育评估体系与高校思想政治教育理论体系的建立、完善和发展具有内在的关联性。高校思想政治教育评估理论除了具有评价、衡量思想政治教育效果的功能之外，还具有对思想政治教育理论体系的选择和矫正功能。因此，研究思想政治教育评估理论对整个思想政治教育的理论体系建设具有重大的理论意义。

二、高校思想政治教育评估理论研究的实践意义

理论对实践具有指导作用，而研究理论的最终落脚点还在于实践，理论只有同实践有机地结合起来，化为指导实践的具体观念，即一定的目的、计划、方案，才能发挥自己的指导作用。科学理论只有与实践相结合，能够为实践服务，才是有价值和意义的。研究思想政治教育评估理论的实践价值在于以下三点。

(一)研究思想政治教育评估理论是开展思想政治教育活动的需要

理论为人们的实践活动提供了科学的思维方式和方法。马克思主义认识论认为，认识世界的目的是改造世界，理论本身不能直接改造世界，但是它能通过实践发挥作用，达到认识和改造世界的目的。其一，高校思想政治教育评估理论是对高校思想政治教育者所采取的教育措施进行客观评价的基础，是对高校开展思想政治教育的效果和社会作用作出的评判，是对不适应教育要求的活动进行改革和调控的理论支持，是对高校思想政治教育实现既定目标、实施教育内容、选择教育方式的导向保证。只有通过评估，认清取得的成绩和存在的问题，并及时改进，动态把握高校思想政治教育的评估，对以往的工作进行肯定或否定，总结经验，克服缺点，提出问题，才能为以后的工作指明方向，提高高校思想政治教育者遵从社会要求和规范的自觉性、主动性。只有运用高校思想政治教育评估理论，才能及时发现高校思想政治教育

活动的薄弱环节和存在的问题，才能及时结合新情况调整教育方案，改革教育体系，使高校思想政治教育更趋于科学化。其二，高校思想政治教育评估是加强、改进和优化高校思想政治教育的重要支撑力。高校思想政治教育评估的诊断反馈功能为加强、改进和优化高校思想政治教育提供了依据；高校思想政治教育评估的调控功能能产生激励与抑制、鼓励与监督的作用，从而让高校思想政治教育工作者反思、检讨和调整、改进高校思想政治教育工作。

（二）研究思想政治教育评估理论是提高思想政治教育者素质的需要

辩证唯物主义认为，认识对实践具有能动的反作用，正确的认识对实践起着积极的促进作用，它促进人们通过认识世界和改造世界获得积极的成果。相反，错误的认识对实践起着消极的阻碍作用，它妨碍人们去积极地认识世界和改造世界，若错误认识变为行动，就会造成实际的危害。回顾高校思想政治教育评估的历程，思想政治教育改革和创新的文献不断涌现，而关于高校思想政治教育改革和创新的策略与措施也不间断地有学者试图提出，但其现实效果却总不那么好。之所以这样，最根本的原因是缺乏一种科学的思想政治教育评估机制，无法把握高校思想政治教育发展状况，而只有通过科学的思想政治教育评估，才能动态把握高校思想政治教育的整体发展趋势，从而为高校思想政治教育取得实效提供科学依据。同时，思想政治教育者具有较高的素质是取得良好的思想政治教育效果的重要因素之一，思想政治教育评估理论是检验思想政治教育者素质高低，发现思想政治教育者素质缺陷的理论基础。因此，研究思想政治教育评估理论，对思想政治教育者的思想政治素质有较高的要求。而高素质的高校思想政治教育者也应该具有深厚的思想政治教育理论知识，涉猎广博的人文社会科学知识，对有关人类和社会发展的重大问题能够透过复杂的现象把握其内在本质，以期在进行思想政治教育过程中，对受教育者的各种困境和问题都能从思想理论根源上加以理性理解、分析和引导，并能够设计和选择最佳的教育方案来施教。在评估活动中，具有高品质、高素质的高校思想政治教育者往往以其扎实的思想政治教育评估理论，使高校思想政治教育评估不断循环叠进、上升发展，以利于高校思想政治教育工作的发展，而这些高素质的培养正是在思想政治教育评估理论支持下的评估活动中，在思想政治教育评估的导向功能、鉴定功能、激励功能的作用下，不断迭代上升的。

（三）研究思想政治教育评估理论是提高思想政治教育有效性的需要

马克思主义认为，人类的一切实践活动归根结底都同人的需要有关，正如马克思所说“任何人如果不同时为了自己的某种需要和为了这种需要的器官而做事，他就什么也不能做”。人类从事的一切实践活动都是为了满足人类相应的需要，在满足人类需要和实现人类相应目的方面所表现出来的积极特性就组成了人类实践活动的有效性。高校思想政治教育作为一种特殊的实践活动，也是为了满足人类的某种需要，而在满足这种相应需要时所表现出来的积极特性就是思想政治教育的有效性。开展高校思想政治教育评估理论研究，实施科学的高校思想政治教育评估，是党和政府在宏观上加强思想政治教育管理的需要，而对高校思想政治教育进行科学、有效的管理，不仅需要对所管理的对象进行客观、公正的评估，更重要的是要改进高校思想政治教育机制。而高校思想政治教育应该实行什么机制，按多大比例配备思想政治教育人员等重大问题，必须经过科学的、客观的评估，否则，将无法进行科学决策。而具体到一个地区、一个部门，思想政治教育的机构设置、人员配备、长远规划等问题也必须经过决策，而这类决策必须经过科学的、客观的评估。当今世界，科技的进步和社会的发展，也对高校思想政治教育提出了新的要求，思想政治教育要尽可能做到科学决策，而科学决策必须建立在科学的思想政治教育评估的基础之上。因此，研究高校思想政治教育评估，实施科学的高校思想政治教育评估，有利于改进高校思想政治教育机制，提高高校思想政治教育的有效性。由此可见，增强高校思想政治教育活动的有效性是从事思想政治教育工作的首要目的。在思想政治教育活动中，教育者制订教育计划、组织教育活动、传授思想政治知识、引导教育对象等一系列活动都是为了达到一个满意的教育效果，思想政治教育实际效果的大小和好坏体现出教育价值的取向和程度。作为思想政治教育过程的一个基本环节，高校思想政治教育评估则是判断高校思想政治教育是否有效的重要手段,也对思想政治教育过程起着重要的调控作用,其为思想政治教育目标、内容、方法等的确定提供客观依据,对相应的行为采取奖惩措施,为形成思想政治教育发展的外在推动力提供可能,以促使高校思想政治教育的发展更加符合个人和社会发展的需要。同时,评估活动对高校思想政治教育工作者的价值判断产生影响,可以形成持久的内在驱动力,从而提高高校思想政治教育的实效性。作为高校思想政治教育工作及其效果的连接点的高校思想政治教育评估,对其深入研究,不仅有利于进一步深化对高校思想政治教育过程的认识,而且有利于提高高校思想政治教育的有效性和针对性。由此可见,高校思想政治教育的评估是保证教育方向,确保教育效果必不可少的环节。

第二章

高校思想政治教育评估的现状

本章首先对高校思想政治教育评估的现状进行归纳阐述，对党的十八大以来各省（区、市）党委、政府和高校思想政治教育评估的开展状况、落实情况和实施效果进行搜集整理，分析新的时代背景下高校思想政治教育评估取得的成果和存在的问题，以此总结开展高校思想政治教育评估的优秀经验和有效途径。

第一节
当前高校思想政治教育评估的推动状况

党的十八大以来，高校育人理念的不断完善，高校思想政治教育受重视程度的不断提高，给高校思想政治教育评估活动的开展带来了极大的便利，学界对高校思想政治教育评估理论的研究也取得了长足发展，高校思想政治教育评估理论体系也得到了逐步完善。

在党和国家充分重视，各高校充分响应的时代背景下，高校思想政治教育工作总体发展态势突出。截至2021年10月，137所"双一流"建设高校均已开展思想政治教育评估工作，高校思想政治教育评估工作总体落实情况较好。中央部委，多省市教委、教育厅均对所属高校采取了定期或不定期相结合的思想政治教育评估的形式，各高校根据中共中央宣传部、教育部2012年印发的《全国大学生思想政治教育工作测评体系（试行）》中提出的6个一级指标、20个二级指标和88项测评标准进行了自检自查，指标涉及组织领导、队伍建设、课堂内外思政教学、思想政治理论课、条件保障和育人环境六大板块，对高校思想政治教育过程和效果进行了较为详尽的评估。在评估自查与不断实践的过程中，思想政治教育取得了一定的成果。截至2022年12月，在教育部网页上以"思想政治教育评估"作为关键词进行检索，结果近2万条。在相关网页上搜索相关新闻，2019年5月《天津：全面加强和改进教育督导工作为实现全市教育大会确立的宏伟目标而努力奋斗》，2017年11月《以首善标准打磨思政课——北京高校加强学生思政工作纪实》，2012年10月《新疆教育系统围绕办人民满意的教育创先争优》,2011年9月《贵州省开展大学生思想政治教育评估工作》,2011年2月《山东高校思政工作有了测评体系》,2010年1月《黑龙江省印发实施〈普通高等学校辅导员队伍建设实施办法〉》,2009年12月《广东省印发实施〈普通高等学校辅导员队伍建设实施办法〉》,2009年4月《湖南省怀化市教育督导评估专家库正式建立　市本级教育督导队伍进一步加强》等新闻中均重点提到了高校思想政治教育评估。教育部哲学社会科学发展报告建设项目《中国大学生思想政治教育发展报告》更是从2013年开始延续至今,给高校思想政治教育评估积累了宝贵的经验,系统地阐释了党的十八大以来大学生的思想政治水平逐年提高,爱国主义情怀愈发浓厚,充分说明了我国高校思想政治教育取得的成效。

随着时代的不断发展,第一批"00后"迈入大学校园,加之国内外形势的急剧变化,给高校思想政治教育提出了新的要求,同时也给思想政治教育评估带来了新的挑战。2016年,习近平总书记在全国高校思想政治工作会议上指出,高校思想政治教育工作需要因事而化、因时而进、因势而新,要加快构建中国特色哲学社会科学学科体系和教材体系,加强师德师风建设,加强党委领导和指导,加强基层组织建设和加强教师队伍建设等,为高校思想政治教育评估的开展指明了方向。2017年12月,中共教育部党组印发的《高校思想政治工作质量提升工程实施纲要》提出,要把加强高校思想政治教育工作纳入高等教育考核评估的范围体系,各高校对思想政治教育评估的重视程度达到了前所未有的高度。

第二节
当前高校思想政治教育评估的制度保障

通过对近年高校思想政治教育评估相关文件的梳理，本书进一步理清了党和国家出台的对高校思想政治教育评估的政策制度，总结如下。

表2-1 近年高校思想政治教育评估政策制度一览表

年度	制度文件	内容要点
2017	《高校思想政治工作质量提升工程实施纲要》	统筹推进课程育人，着力加强科研育人，扎实推动实践育人，深入推进文化育人，创新推动网络育人，大力促进心理育人，切实强化管理育人，不断深化服务育人，全面推进资助育人，积极优化组织育人
2018	《新时代高校思想政治理论课教学工作基本要求》	要建立健全多元评价机制，采用教师自评、学生评价、同行评价、督导评价、社会评价等多种方式，对教师教学质量进行综合评价
2020	《关于加快构建高校思想政治工作体系的意见》	加强党的全面领导，加强基层党的建设，强化工作协同保障。构建科学测评体系，完善推进落实机制，健全督导问责机制
2020	《深化新时代教育评价改革总体方案》	完善立德树人体制机制，扭转不科学的教育评价导向，坚决克服唯分数、唯升学、唯文凭、唯论文、唯帽子的顽瘴痼疾，提高教育治理能力和水平，加快推进教育现代化、建设教育强国、办好人民满意的教育

从表2-1可以看出，近年，高校思想政治教育评价体系在不断完善，从

2017年《高校思想政治工作质量提升工程实施纲要》将高校思想政治教育以立德树人为根基，不断细化，最终形成涵盖“课程育人”“科研育人”“实践育人”“文化育人”“网络育人”“心理育人”“管理育人”“服务育人”“资助育人”“组织育人”的十大育人体系，在一定程度上确保了高校思想政治教育评估的评估目标和评估方向；2018年的《新时代高校思想政治理论课教学工作基本要求》对高校思想政治教育评估的评价方式进行指导，提出了采用教师自评、学生评价、同行评价、督导评价、社会评价等多种方式结合的多元评价机制；2020年出台的《关于加快构建高校思想政治工作体系的意见》和《深化新时代教育评价改革总体方案》提出了加强党的全面领导、加强基层党的建设、强化工作协同保障、构建科学测评体系、完善推进落实机制、健全督导问责机制的指导方向和破“五唯”的指导思想，提出了提高教育治理能力和水平的根本目标。

从党和国家出台的上述政策性文件可以看出，高校思想政治教育得到了空前的重视，进而在一定程度上也完善了高校思想政治教育的工作方向和工作目标，高校思想政治教育总体形势向好，但不可忽视的是，作为总结和反馈的高校思想政治教育评估由于其实践的滞后性，依旧存在一定的发展困境。

第三节
当前高校思想政治教育评估的发展困境

诚然，国家对高校思想政治教育的重视程度在不断加大，但国内外局势的深刻变化也在不断加剧，形势急剧变化带来的高校思想政治教育评估体系的实践滞后性，导致了评估体系从理论到实践的落实无法保证，使得高校思想政治教育评估在设计和实践中面临诸多困难，严重影响了高校思想政治教育评估工作的推进，具体总结如下。

一、高校思想政治教育评估的动机困境

高校思想政治教育评估的动机既是高校开展思想政治教育评估的起点，又是开展思想政治教育评估的重点，由于其丰富的内涵、多样的形态和复杂的形式，使得影响高校思想政治教育评估动机的因素极其广泛而复杂，当前学界缺乏对评估动机影响因素的统一认识，也由此产生了高校思想政治教育评估的第一个困境。在此，本书主要对影响高校思想政治教育评估动机的因素分析困境和提高高校思想政治教育评估动机的对策探索困境进行阐述。

（一）影响高校思想政治教育评估动机的因素分析困境

高校思想政治教育评估的动机是影响高校思想政治教育评估的出发点和归宿，由于其广泛而深层的影响因素，使得高校思想政治教育评估的动机难以获得统一和明确，进而造成了高校开展思想政治教育评估的困境。部分

学者认为，高校思想政治教育作为一项系统性的工程，可以划分为政治教育、思想教育、道德教育和心理教育四个子系统，子系统之间相互影响又相互独立，相互补充又相互促进。但这种观点并未获得学界的广泛认可。另一部分学者认为，高校思想政治教育评估应该从评估对象出发进行分类，并不必将评估因素进行分割，应重点聚焦在高校思想政治教育评估的对象、方法和效果上。同时，在高校思想政治教育评估影响因素的划分上也存在较大分歧。部分学者认为，高校思想政治教育评估存在内外影响因素，其中内部影响因素包含教育者、受教育者、教育内容和教育形式等，外部影响因素包含物质环境、文化环境和制度环境等。无论是高校思想政治教育评估的子系统产生变化，还是高校思想政治教育评估的影响因素产生变化，均会对思想政治教育评估的动机产生影响。也因为高校思想政治教育评估的广泛性和多因性，高校在开展思想政治教育评估时对思想政治教育的特殊性和针对性会存在不同程度的忽视，加之对高校思想政治教育评估动机影响因素的复杂素性，以及对其内在联系的研究不够深入，导致高校思想政治教育评估的可行性受阻，难以使高校思想政治教育评估从观念领域进入实践领域。因此，分析高校思想政治教育评估包含哪些子系统，又有哪些因素影响这些子系统，对高校开展思想政治教育评估的动机研究而言十分重要。

（二）提高高校思想政治教育评估动机的对策探索困境

在以往的研究中，高校思想政治教育被认为是一种具有可控性、可调节性和规律性的有主观意识的教育活动。所以，部分学者试图通过创设情境、提供条件来进行调节和掌控，或者通过抓住思想政治教育效益的某些显性特征和外在表现，来对高校思想政治教育动机本身进行评估，甚至主张运用系统思维方法来分析思想政治教育动机各因素相互作用和变化的规律，以期提高思想政治教育效果。

但在实际开展过程中，高校思想政治教育对象的思想政治情况具有不易量化、多样化的特点，很难用统一、量化的方式、方法得出结论。高校思想政治教育效果的表现形态多样化，加之思想政治教育是一个多因素、多层次、多结构的复杂实践过程，表现形态相对复杂，使得在对高校思想政治教育效果进行评估时所采用的标准、尺度难以统一。此外，虽然高校思想政治教育历经40余年的积极探索，但其学科发展水平仍相对较低，其学科内容中还缺乏公认的理论，仍存在一些有较大分歧的学说。综上，在高校思想政治教育评估理论和实践中，由于对高校思想政治教育特殊性、广泛性认知的缺失，以及思想政治教育效果的缺失，我们难以有效把握思想政治教育诸多因素与思想政治教育效益之间的内在联系。所以，对提高思想政治教育评估动机的对策的探讨还存在较大的困境。

二、高校思想政治教育评估的设计困境

高校思想政治教育评估本质上是反映主体需要和客体属性之间的对应关系，要完善高校思想政治教育评估的设计体系，需要从主体需要、客体属性及其相互之间的统一出发，与思想政治教育评估紧密结合，形成既满足主体需要，又满足客体指标的主、客体评估体系。

（一）价值主体与评估主体的混淆

高校思想政治教育评估的主体，是指相对于高校思想政治教育评估关系中评估客体而存在的现实的人，也是高校思想政治教育评估活动中有计划、有目的、有意识地从事高校思想政治教育评估活动的现实的人。但在实际的高校思想政治教育评估活动中，高校思想政治教育评估主体和高校思想政治教育价值主体时常会被画上等号。虽然在高校开展思想政治教育评估时由于评估主体和价值主体、客观尺度和主观尺度的相互统一，会在一定程度上认为在评估思想政治教育对“我”的价值时，“我”既是评估主体，也是价值主体。然而，将评估主体等同于价值主体是浅显而片面的，高校思想政治教育评估主体是处于具体的思想政治教育评估关系中，与思想政治教育评估客体相互作用的过程中得到自身的规定性的，与思想政治教育评估客体相对应，却未脱离具体的评估关系；而高校思想政治教育价值主体是在高校思想政治

教育价值关系中与高校思想政治教育价值客体相对应的存在,即高校思想政治教育价值主体仅仅是作为高校思想政治教育评估客体的一部分而存在的,在根本上与评估主体有本质差距。所以,评估主体与价值主体二者虽然在某种特定情况下具有形式上的同一性,但在其根本意义上又是截然不同的两种主体。

(二)价值客体和评估客体的混淆

高校思想政治教育评估客体,是指进入高校思想政治教育评估主体视野的一种价值关系及其运算和结果,又称为"价值事实",它同时指在高校思想政治教育评估活动中,高校思想政治教育评估活动所指向或所要把握的对象。作为评估主体依照评估目标所设定产生,高校思想政治教育评估客体一定是价值关系系统,但反之不然,并非所有价值关系都能够成为评估客体。只有严格遵照高校思想政治教育评估目的,由高校思想政治教育评估主体设立产生,并纳入评估活动系统所产生的价值关系才能作为高校思想政治教育评估的客体。高校思想政治教育评估客体与高校思想政治教育价值客体之间既不能完全等同,又不能完全分离,高校思想政治教育评估客体是存在于高校思想政治教育价值客体和价值主体之间的部分关系。价值客体是作为评估客体中的一部分而存在的,所以不能简单地认为价值客体等同于评估客体。同时,高校思想政治教育的价值客体作为评估客体的一部分,是属于高校思想政治教育价值关系中的评估对象;"教育和社会的需要"作为高校思想政治教育评估的价值主体,也是高校思想政治教育评估客体的一部分,价值关系的主体、客体及其之间的关系均属于高校思想政治教育评估客体中的一部分。因此,可以认为高校思想政治教育评估客体包含高校思想政治教育价值客体。

三、高校思想政治教育评估的标准困境

近年,随着思想政治教育理论体系的发展,高校思想政治教育评估已经

达成了以定性评估和定量评估相结合的评估共识，但在实际的操作过程中，以哪一种评估方式为主，哪一种评估方式为辅，其各自在最终评估中的占比如何，始终无法达成共识。因此，定性评估和定量评估的标准仍然是当前高校思想政治教育评估的标准困境。

（一）定量评估的片面科学性

高校思想政治教育评估中的定量评估，一般是指用一定的数学模型和数学语言，将思想政治教育的过程和结果转化为可量化的评价标准，其评价的科学性和可量化性在近年获得了较多学者的认同。然而，在高校思想政治教育评估的实际执行中，定量评估存在两个不容忽视的问题：一是部分学者片面地认为只有定量评估才是科学的、可行的，但思想政治教育评估不像部分学科教育、体育教育那样可以简单粗暴地直接以分数代表成绩，高校思想政治教育的目标是人的思想政治状况，包含人本身的复杂思想活动，尤其被受教育者的思想品德、道德素养等因素深刻影响，本身就是一个难以量化的存在，在实际评估过程中片面地以定量评估完全取代定性评估会导致高校思想政治教育主管部门难以真正了解各单位开展思想政治教育的实际情况，更无法进行横向和纵向的比较。二是高校思想政治教育评估难以建立完美的模型以适用于实际的思想政治教育形式，当前学界普遍缺少一个被高度认可、高度科学和高度可行的高校思想政治教育评估模型，在实际开展的评估实践中，高校缺少统一标准，使得制定标准的模型未必能够实际反映思想政治教育评估的准确结果，进而实现改进和加强思想政治教育的目的。因此，单纯地进行思想政治教育的定量评估是片面的。

（二）定性评估的主观随意性

高校思想政治教育评估中的定性评估，一般是指通过对评估对象的整体和部分进行性质分析、鉴别和确认，评估高校思想政治教育中“质”的部分，把握和了解高校思想政治教育评估的效果。但由于定性评估主要是建立在对评估对象的思想和行为的外在表现进行分析的基础上，依据评估者的经验进行推测，最终确认高校思想政治教育的效果，在实际评估过程中受到评估者的主观感受及其开展思想政治教育评估前后的效果期望影响较大，主观性和随意性较大，容易导致结果失真、结论模糊、评估失实等问题。同时，由于思想政治教育评估强调在评估理论中主张科学方法和技术方法的运用，采取“主观标准定性化、客观标准定量化”的评估分类，容易导致定性评估与定量评估成为评估理论中互不关联的两个部分，既无法真正实现二者内在的融合，又给行为选择、决策活动带来深刻影响，导致评估的经验性多于科学性，无法反映高校思想政治教育的真实状况。

四、高校思想政治教育评估的保障困境

（一）对评估行为的推动不够重视

制约高校思想政治教育评估的因素较为复杂，但在组织保障的根本上主要还是飞速发展的思想政治教育评估需求和相对落后的高校思想政治教育评估理念的冲突。党的十八大过后，党和国家对高校思想政治教育的重视程度不断加大，近年也陆续出台了各类各层次的指导文件。但在具体的执行过程中，部分部门“一把手”的责任意识不强，缺乏创新观念，将高校思想政治教育评估形式化、模式化，没有把高校思想政治教育评估目标考核作为高校思想政治教育工作的有力抓手，使得高校思想政治教育评估工作浮于表面，制定出台的相关思想政治教育评估考核办法存在绩效脱钩、时效滞后等问题，难以把工作目标考核落到实处。

（二）评估组织的设置不够独立

近年，各部委、省（区、市）教委、教育局及大部分高校内均设置有高校思想政治教育评估工作组，但高校思想政治教育评估工作组往往是由高校思想政治教育方面的专家学者、高校思想政治教育专任教师、高校学生工作管理干部等人员组成，对所在高校或同省（区、市）高校进行评估。工作形式大部分为兼职，评估工作的人事独立性和工作独立性不足，即由于评估工作之外

的考核机制会受到其他各类因素影响，使得工作组成员在评估时存在评估机制之外的考量，造成评估结果的可信度降低。所以，高校思想政治教育评估的组织设置缺乏独立性。

（三）评估机制的建立不够完善

虽然教育部、宣传部等各部委及相关管理部门出台了诸多关于高校思想政治教育评估的指导意见、考核办法等制度机制，有力地推动了思想政治教育评估工作的创新发展，但在机制上存在评估范围不够广、内容不够完善等问题，仍缺乏一定的力度。在对各大高校思想政治教育评估的考核机制进行研究后我们发现，高校思想政治教育评估尚未形成符合高校思想政治教育要求和目标的高校思想政治教育评估的完整制度和机制。

（四）评估指标的设立不够科学

中共中央宣传部、教育部先后出台了系列思想政治教育评估的相关文件，其中涉及具体指标设置的还是2012年印发的《全国大学生思想政治教育工作测评体系（试行）》，显然2012年出台的测评体系如今已经无法满足不断发展和变化的思想政治教育评估需求，同时，各高校对思想政治教育评估的指标设立各不相同，相对比较笼统，可能会因为考评者的个人偏好、印象、心情等主客观因素，导致考核结果的失真，影响人才工作目标考核的公正性和有效性。按照近年来国家不断推陈出新的高校思想政治育人目标，思想政治教育评估缺乏有效且明确的考核机制。

（五）评估方法的选择不够可行

从评估方法上看，当前高校思想政治教育评估方法相对简单，手段陈旧，除上文中提到的缺失具有一定统一认可度的定性考核和定量考核相结合的衡量标准外，在评估方法的选择上依旧存在一定的困难。当前大部分高校开展思想政治教育评估依旧以实绩考核、综合测评、民意调查、报告审核、等次评定、领导意见等以信息采集和主观判定为主的方法，缺乏科学的、可行的、系统的高校思想政治教育评估体系。

(六)评估结果的运用不够充分

评估不是目的,评估结果的运用才是高校思想政治教育评估的生命力。当前,大多数高校对思想政治教育评估的结果运用不够充分,多数时候流于表面,简单地以年终奖、考评等方式进行单次挂钩,在评定完毕后不再发挥作用,并未将“评”和“用”有效结合,缺乏行之有效的高校思想政治教育评估激励机制和整改机制。

所以,分析高校思想政治教育评估的新挑战和新要求,构建科学、系统、可行、长效、完整的高校思想政治教育评估体系,成为现今各大高校提升教育教学质量,推动立德树人目标的实现,完善高校思想政治教育评估学科建设的关键问题。

第三章

高校思想政治教育评估的理论框架

本章主要在以往理论成果的基础上，结合新的时代背景下高校思想政治教育面临的新挑战，以新的时代背景下高校思想政治教育的新要求为切入点，深入分析高校思想政治教育评估目标和需求的变化，对高校思想政治教育评估的含义和构成要素作清晰界定，进而对高校思想政治教育评估的各种分类进行探讨，最后在分类的基础上阐述高校思想政治教育评估需要重视的原则和作用。

第一节 高校思想政治教育评估的新挑战和新要求

一、高校思想政治教育评估面临的新挑战

时代的飞速发展对高校思想政治教育评估工作的推进提出了新的要求，尤其是党的十八大以来，以习近平同志为核心的党中央充分重视党的建设和青年思想的引导工作，多次在国家高等教育相关会议上提到高校思想政治教育的重要意义和新的形势。作为因事而化、因时而进、因势而新的高校思想政治教育工作的审视、评估和反馈，高校思想政治教育评估需要根据思想政治教育的实际进行及时的反思和不断的改良，2012年印发的《全国大学生思想政治教育工作测评体系（试行）》至今已过去十余年，高校学生主体已经由“90后”变为“00后”，由于物质经济条件的不断改善，信息技术的飞速发展，当前“00后”大学生的思维方式和学习能力相较过去已经有了巨大的变化，因此，高校思想政治教育评估也面临新的挑战。主要可以归纳为以下几个方面。

（一）经济全球化和世界政治形势的剧烈变化，西方资本主义对中国青年的思想文化渗透，给高校思想政治教育评估带来了新的挑战

在21世纪的全球化发展进程中，由于我国经济建设起步较晚，全球经济发展仍是以西方发达国家为主，部分资本主义国家通过经济全球化这一契机，或间接或直接地持续性推行西方政治制度和价值观念，通过游戏、影视、文学等方式潜移默化地对我国青年实行思想渗透，并企图借此影响我国青年

的世界观、人生观和价值观，进而诋毁、攻击社会主义制度，达到控制世界意识形态的野心。在此大的时代背景下，高校思想政治教育将面临来自西方资本主义的经济、政治、科技、文化等各方面的渗透和竞争，一方面高校思想政治教育需要不断跟随世界局势变化和西方资本主义对高校大学生思想渗透的手段和图谋变化进行及时、有效的引导和防御，另一方面也需要我们继续坚定不移地坚持改革开放的基本国策，吸收和借鉴国外优秀文化、先进技术和管理经验，增强高校思想政治教育的实效性和针对性。这种"取其精华，去其糟粕"的教育需要给高校思想政治教育评估提出了新的挑战。

(二)国内经济社会形势的加速发展，综合国力的不断增强，国民生活水平的不断提高给高校思想政治教育评估带来了新的挑战

改革开放以来，国内经济取得了长足进步，国民生活水平和幸福指数大幅增长，为我们搞好高校思想政治教育提供了坚实的基础。但值得高度重视的是，经济形势、生活方式和分配方式的多样化发展，使得当前社会思想观念的碰撞、矛盾和斗争相比以前更加直接和激烈，也不可避免地产生了诸多负面消极的思想。"丧"文化、拜金主义、消费主义、躺平主义等消极腐败的思想观念俨然成了青年一代的"时髦""潮流"，这种负面思潮正在高校校园中流动和传播。因此，如何适应经济形势、生活条件、思想观念的发展变化，充实和丰富高校思想政治教育内容，探索新的途径和新的办法，引导高校学生正确认识世界和中国发展大势、正确认识中国特色和国际比较、正确认识时代责任和历史使命、正确认识远大抱负和脚踏实地，树立正确的世界观、人生观和价值观，增强抵御消极和负面思想的能力，完善高校思想政治教育社会性，给高校思想政治教育评估带来了新的挑战。

(三)党的十八大过后，高校思想政治教育获得了空前的重视，高校思想政治教育工作目标的进一步完善给高校思想政治教育评估带来了新的挑战

2017年，中共中央、国务院印发的《关于加强和改进新形势下高校思想政治工作的意见》对高校思想政治教育工作的原则和指导思想进行了明确，提

出了坚持党对高校的领导，坚持社会主义办学方向，坚持全员全过程全方位育人，坚持遵循教育规律、思想政治工作规律、学生成长规律，坚持改革创新的基本原则，为高校开展思想政治教育工作指明了方向；2020年，教育部等八部门发布的《关于加快构建高校思想政治工作体系的意见》进一步指出了高校思想政治教育评估的方向：强化理论武装体系、强化学科教学体系、强化日常教育体系、强化管理服务体系、强化安全稳定体系、强化队伍建设体系、强化评估督导体系、强化组织领导体系。高校思想政治教育工作目标的进一步完善，从指导层面和政策层面给高校开展思想政治教育评估提供了有力保障和有效指导，但新的指导要求和新的评估体系在一定程度上也给高校思想政治教育评估带来了新的挑战。

（四）以互联网技术为代表的现代信息技术的飞速发展给高校思想政治教育评估带来了许多等待开拓完善的新领域

现代信息科技的迅猛发展，尤其是互联网的产生及其愈发广阔的运用场景，给高校大学生的信息渠道和思维模式都带来了巨大的影响和深远的变化。高等学校已然不是多年前的“象牙塔”，网络信息时代的大学校园除了传统线下聚集以外，同时也产生了线上聚集的信息交互渠道。网络信息媒体正剧烈影响着当代大学生的学习、生活、工作，进而影响着大学生的世界观、价值观和人生观。互联网和新媒体已经成为当代高校思想政治教育的重要阵地，既使高校开展思想政治教育面临新的挑战，又为高校开展思想政治教育提供了新的途径。因此，能否正确地运用互联网和新媒体等新兴技术对高校大学生开展思想政治教育工作，用正确积极健康的思想防止和抵御消极错误甚至反动的思想，已经成为高校思想政治教育评估中一个非常重要的环节。

二、党和国家对高校思想政治教育评估的新要求

2020年4月，教育部等八部门联合发布《关于加快构建高校思想政治工作体系的意见》，提出“以习近平新时代中国特色社会主义思想为指导，全面贯

彻党的教育方针，坚持和加强党的全面领导，坚持社会主义办学方向，以立德树人为根本，以理想信念教育为核心，以培育和践行社会主义核心价值观为主线，以建立完善全员、全程、全方位育人体制机制为关键，全面提升高校思想政治工作质量”的指导思想，提出建立立德树人体制机制的目标任务，提出以加强政治引领、厚植爱国情怀、强化价值引导为核心的理论武装体系，以办好思想政治理论课教学、强化哲学社会科学育人作用、全面推进所有学科课程思政建设、充分发挥科研育人功能为系统的学科教学体系，以深化实践教育、繁荣校园文化、加强网络育人、促进心理健康为要点的日常教育体系，以提高管理服务水平、加强群团组织建设、推动“一站式”学生社区建设、完善精准资助育人为重点的管理服务体系，以强化高校政治安全、加强国家安全教育、筑牢校园安全防线、健全安全责任体系为协同的安全稳定体系，以建设高水平教师队伍、打造高素质思想政治工作和党务工作队伍、加大马克思主义学者和青年马克思主义者培养力度为目标的队伍建设体系，以构建科学测评体系、完善推进落实机制、健全督导问责机制为核心的评估督导体系，以加强党的全面领导、加强基层党的建设、强化工作协同保障为标准的组织领导和实施保障。其中对思想政治教育评估体系的构建更是提出了明确的要求，主要总结如下。

（一）建立多层次、科学有效的高校思想政治教育评估工作测评指标体系

通过完善高校思想政治教育过程评估和结果评估相结合的实践机制，推动高校党建和思想政治教育工作纳入高校“双一流”建设成效评价、学科专业质量评价、人才项目评审、教学科研评比等方面的重要参照。

（二）明确责任分工，落实落细实施方案，对重难点问题及时发现、研究、解决

推动各高校将思想政治教育评估工作作为整体发展规划和年度工作计划的重要部分，明确思想政治教育评估各环节职责、时间表和责任人，作为领导班子考核和述职评议的重要内容。

(三)强化高校思想政治教育评估的督导机制

推动高校、院系、基层党组织各个层次抓党建和思想政治教育工作述职评议考核机制,对履职尽责不力、不及时的,加大追责力度。

(四)强化工作协同保障

推动形成学校、家庭和社会教育协同育人机制。发挥高校思想政治工作委员会的专家咨询作用,加大高校思想政治工作创新发展中心、思想政治工作队伍培训研修中心、省级高校网络思想政治工作中心建设力度。做好高校思想政治工作专项资金使用的管理,引导地方和高校增加投入,强化经费投入的育人导向。

第二节
高校思想政治教育评估的含义和类型

高校思想政治教育机构通过确立高校思想政治教育目标,制定高校思想政治教育方案,建立实施执行的方案和机制,按照教育计划有步骤地将方案实施,但是方案是否按步骤有效地推进落实?落实的效果如何?是否能够达到预期的目标?方案是否符合实际情况?所有相关的思想政治教育因素是否能够为思想政治教育的实施提供有效的支持?高校思想政治教育的过程及效果存在哪些优点和不足?这一系列的问题都直接关系高校开展思想政治教育的效果,而能够有效反映这些问题的方式,只能通过高校思想政治教育评估。高校思想政治教育评估不仅是依托当前社会、高校、教师、学生的实际情况和教育要求对高校开展思想政治教育全过程中的各个环节进行评价和及时作出信息反馈的活动,还是对高校思想政治教育整体和思想政治教育工作者个人的社会价值作出的科学判断,为高校提升人才培养效果、调整人才培养方案的正确决策提供依据。因此,开展科学、系统、有效的高校思想政治教育评估,有利于高校在新时代的新要求和新挑战背景下思想政治教育实践操作体系的不断完善,有利于高校思想政治教育方案的有效调整和顺利实施,有利于科学、客观地评价高校思想政治教育体系和高校思想政治教育工作者的社会价值,有利于高校思想政治教育学科理论体系的完善。

一、高校思想政治教育评估的含义及构成要素

(一)高校思想政治教育评估的含义

评估,是指衡量人物或事物价值的活动,它存在于社会工作、生活的各个方面,在社会各个层面的运作上对活动的主体和客体起着方向引导与调整的重要作用。

高校思想政治教育评估是在新的时代背景下根据一定的符合时代价值的标准,采用一定的符合时代特点的科学方法,对高校开展思想政治教育活动的发展变化、教育效果以及与高校思想政治教育活动相关的各种条件因素的价值判断过程。它是高校开展思想政治教育活动整体过程的一个重要环节,也是科学判断高校思想政治教育活动价值的必要程序。高校思想政治教育评估的定义包含了以下四个基本含义。

第一,高校思想政治教育评估的本质在于价值判断。作为一种社会实践活动,高校思想政治教育应当满足一定的社会、政治、经济、文化、思想等发展的需要,满足高校立德树人根本要求的需要和社会对培养合格社会主义建设者和接班人的需要。这也是高校开展思想政治教育的社会价值。价值判断的过程就是通过对影响这种价值实现的个人和社会因素在高校思想政治教育过程中所发挥的作用,以及对其外化形成的成果进行测定和衡量,从而判断其是否满足社会价值需要的一种主观活动。

第二,明确高校思想政治教育评估的目标对象。强调高校思想政治教育评估的对象是"高校开展思想政治教育活动的发展变化、教育效果以及与高校思想政治教育活动相关的各种条件因素"。这里包含两层意思:

一是坚持动态的观点,高校思想政治教育评估的重点对象是高校开展思想政治教育的活动,即"高校开展思想政治教育活动的发展变化、教育效果"。高校思想政治教育是一种不断动态发展的活动,高校思想政治教育者不仅要认识这一教育过程的现状,从而坚定执行并不断改进,更重要的是预测高校思想政治教育活动的发展变化并适当引导,使整个高校思想政治教育始终沿着正确的方向和道路前进。

二是高校思想政治教育活动过程中的各种条件因素都是高校思想政治教育评估的对象。这里的各种条件因素,涵盖了除对高校思想政治教育活动本身评估以外的其他评估对象领域。包括高校思想政治教育的内部或外部的物质条件支持、精神条件支持,以及社会政治、经济、文化等方面的影响及变化等等。

第三,高校思想政治教育评估是按一定的价值标准进行的。价值判断必须依托于一定的价值标准,这个价值标准也是评估主体对评估客体进行认识和评估时所依据的准则。按"一定的价值标准"的提法具有一般性,它要求针对不同的评估对象,必须依据与之相适应和匹配的评估标准。

第四,高校思想政治教育评估要运用一定的方法。高校思想政治教育评估涉及高校思想政治教育活动的各个领域,其中必然包括难以用数量描述的活动和现象,同时也包括在一定程度上可以精确量化的活动和现象。因此,高校思想政治教育评估的方法选择,一定要坚持定性与定量相结合、质性和量化相结合的原则,根据实际的评估活动选择与组合评估方法。那种抛弃传统高校思想政治教育评估方法,追求完全量化评估,将自然科学中的方法生搬硬套的做法是不可取的,反之亦然。

(二)高校思想政治教育评估的构成要素

高校思想政治教育评估活动从动态实践角度可以简单地概括为:一定的机构或部门,根据对受教育者及其相关诸因素所应具备的基本要求和现实状况,运用主要指标和科学方法,对其实施定期或不定期的评鉴、估测的管理活动。它是包含诸多要素的系统工程。高校思想政治教育评估主要包括以下六项基本要素。

1.高校思想政治教育评估的主体

高校思想政治教育评估的主体有广义与狭义之分。广义的高校思想政治教育评估主体包括评估的操作主体和管理主体。操作主体是具体主持高校思想政治教育评估的人员,管理主体是组织、管理评估工作的领导和管理人员。狭义的高校思想政治教育评估主体专指操作主体。高校思想政治教育评估主体有组织的集合称为高校思想政治教育评估的组织体系。

2.高校思想政治教育评估的客体

高校思想政治教育评估的客体即被评估对象,分为专项评估客体和综合评估客体。专项评估客体指高校思想政治教育活动的发展变化、教育效果以及与高校思想政治教育活动相关的各种条件因素的某一规定方面,如政治评估、道德评估、思想评估等;综合评估客体指高校开展思想政治教育活动的发展变化、教育效果以及与高校思想政治教育活动相关的各种条件因素的整体状况。

3.高校思想政治教育评估的原则

高校思想政治教育评估的原则是指在开展高校思想政治教育评估活动中必须遵循的基本准则和要求。它确保评估活动的公开、公正和评估结果的真实、客观。

4.高校思想政治教育评估的指标体系

高校思想政治教育评估的指标体系是由高校开展思想政治教育评估必须遵循的一定的价值标准转化而来的,是价值标准的具体表现。它根据不同的高校思想政治教育评估对象和评估目的的不同而不同。

5.高校思想政治教育评估的方法体系

高校思想政治教育评估的方法体系是指高校在进行思想政治教育评估时所采取的特定的技术规程。它是根据高校思想政治教育评估目的和标准所确定的评估方略、方法、操作性技术及计算公式等技术规程。

6.高校思想政治教育评估的程序

高校思想政治教育评估的程序是指高校在开展思想政治教育评估活动全过程中应遵循的环节和步骤。它包括工作程序和操作程序,它们都是评估活动过程客观规律性、规范化的表现。

二、高校思想政治教育评估的类型

高校思想政治教育评估的类型不同,评估所产生的作用也不同。因此,研究高校思想政治教育评估的类型，对于切实提高高校思想政治教育评估效果和高校思想政治教育效果具有重要的意义。

根据不同的划分标准，高校思想政治教育评估的类型可以有以下几种。

（一）根据高校思想政治教育评估的内容，可以划分为社会发展要求评估、政治和思想道德品质评估、能力评估、绩效评估等

（二）根据高校思想政治教育的客体不同，可以划分为高校思想政治教育要素评估、高校思想政治教育过程评估、高校思想政治教育效果评估

（三）根据高校思想政治教育的主体不同，可以划分为上级评估和自我评估

上级评估是指各级党政机关、组织团体以及教育机构对组织机构上下级的各自或相互的评估。自我评估是指由被评估者对自己进行评估。

（四）根据评估的时间，可以划分为定期的常规评估和不定期的特别评估

定期的常规评估又可以分为月评、季评、年评等。不定期的特别评估，一般是由工作需要而采用的。

（五）根据评估与高校思想政治教育活动的先后顺序，可以划分为事前评估、事中评估和事后评估

事前评估主要针对开展思想政治教育活动前的依据等政策是否完善。事中评估主要针对开展思想政治教育活动中是否符合时代发展规律和学生成长规律等。事后评估主要针对开展思想政治教育活动后学生的变化。

（六）根据评估操作主体的不同，可以划分为内部评估和外部评估

内部评估是指由组织内部相关部门、机构和人员进行具体评估操作的评估。外部评估是指将具体评估工作委托给组织以外独立的专门机构的评估，需要注意的是，外部评估的委托机构需要由组织内的评估领导来把握评估方向。

(七)根据高校思想政治教育评估的集中程度,可以划分为集中评估、分散评估和集散评估

集中评估是指由上级主持的统一评估。分散评估是指由各单位、组织自行主持的评估。集散评估是集中评估和分散评估相结合的评估。

(八)根据高校思想政治教育活动的领域不同,可以划分为社会类高校思想政治教育活动评估,师范类高校思想政治教育活动评估,党组、社团类高校思想政治教育活动评估,企业、军队、文艺、传媒类高校思想政治教育活动评估

(九)根据高校思想政治教育评估方法的不同,可以划分为定性评估和定量评估

定性评估是指在对事物(指标等)进行特性描述和材料分析之后,制定出定性的评估标准,按一定的标准进行评价。定量评估是指依据统计数据,建立数学模型,并用数学模型计算出分析对象的各项指标及其数值来进行评估分析的一种方法。

(十)根据高校思想政治教育评估功能的不同,可以分为诊断性评估、形成性评估和总结性评估

诊断性评估是指在高校开展思想政治教育活动之前,为使其更加有效地实施而进行的评估。诊断性评估要把握评估对象的两种状态:一是症状诊断;二是原因诊断。形成性评估是指在高校思想政治教育活动的过程中,为了获得更好的教育效果而修正高校思想政治教育活动方向所进行的评估。总结性评估是指在高校思想政治教育活动之后为判断其最终教育效果而进行的评估。

(十一)根据高校思想政治教育评估的价值标准的不同,可以分为绝对评估、相对评估和自我评估

（十二）在实践应用上，目前高校思想政治教育评估的形式主要表现为三大类：

1.普适性的思想政治教育评估

这是作为高校思想政治工作中的一个环节，通常表现为思想政治教育目标责任制、思想政治教育效能监察、思想政治教育者实绩考核等评估形式。这种评估形式主要在大学思想政治教育的组织内部进行，目的是通过目标责任制等评估手段追求高校思想政治教育模式的效率的提高，在一定程度上存在着对上不对下、对内不对外的责任缺位现象。

2.部门类的高校思想政治教育评估

这是将评估应用于具体的部门，由学校的党委主管部门设立评估指标，并由确定部门牵头组织对所管辖的各个部门和学院进行定期评估，具有自上而下的单向性特征。

3.针对大学生的专项思想政治教育评估

这是针对高校思想政治教育的某一专项行动或具体方面展开的评估。主要强调通过调查、满意度评价等外部评估的方法，明确高校思想政治教育的对象，即大学生对思想政治教育活动的满意程度。但这种评估形式也存在一定的不足，例如对思想政治教育对象资源识别存在困难、满意度评价的方式不一定适用于高校思想政治教育、该种调查不一定能客观表征所有被评估对象的绩效等。

第三节 高校思想政治教育评估的原则和作用

一、高校思想政治教育评估的原则

高校思想政治教育评估的原则是高校思想政治教育评估活动能够持续客观进行的重要保证,也是对高校思想政治教育评估具有普遍意义的客观规律的认识。高校思想政治教育评估的原则主要有以下几点。

(一)党性原则

高校思想政治教育学是一门党性很强的学科,作为这门学科重要构成部分的高校思想政治教育评估首先也是必须坚持党性原则,即紧紧围绕党的宗旨和党的任务这个根本点来开展评估。高校思想政治教育评估坚持党性原则就是要坚持评估的内容与标准必须能够贴合并反映党的奋斗目标和党在各个时期的总任务,切实保证高校思想政治教育始终为党的方针政策和奋斗目标,以及在各个时期的中心工作服务。只有坚持了党性原则,高校思想政治教育评估才能保持正确的方向。

(二)实事求是原则

要真实、准确地反映高校思想政治教育取得的成果,就必须从实际出发进行评估。评估客体必须是客观存在的,能反映高校思想政治教育活动的真实情况。只有贴合实际,才能得出科学的结论。高校思想政治教育评估要坚持实事求是的原则，就必须深入实际，掌握大量的客观、真实的材料，通过比较、鉴别，认清评估客体的本质，得出符合实际的评估结论。同时必须坚持立场与方法的正确，这样才不会被假象和表象所迷惑。要避免只评估好的方面，而回避缺点的倾向。只有这样，才能做到实事求是地进行客观、真实的高校思想政治教育评估。

（三）历史性原则

历史是由人的社会实践所创造的，反之，人类实践的对象、范围、规律与方式又都是社会历史的产物。高校思想政治教育评估作为一种特殊的社会实践，是不可能离开社会历史的发展，孤立、静止地考察评估客体的实践。高校思想政治教育评估要坚持历史性原则，就是要以唯物史观为基础，把评估客体放到一定的社会历史的背景和条件中去，详细地搜集和分析相关资料，进行针对特定事物的具体分析，从中寻求评估客体与社会历史条件之间的内在联系。同时，高校思想政治教育评估活动也是一个不断发展、不断深化、不断改良的过程。在这个过程中，也要考虑到高校思想政治教育评估本身发展的社会历史性，要深入分析其自身发展的各种影响因素，只有这样，才能真正坚持高校思想政治教育评估的历史性原则。

（四）系统性原则

高校思想政治教育评估是一个包含不同层次、不同类型、不同对象，具有整体性结构的工程。这一完整的评估系统是在给予其支持的各种环境中运行，并不断发展和完善起来的。

从纵向来讲，坚持高校思想政治教育评估的系统性，就是要坚持高校思想政治教育评估结构的整体性与层次性的统一。在实际评估过程中，即便是对高校思想政治教育评估的某一部分或某一环节的评估给予了重视，也依旧需要在层次上服从这个系统的整体核心，要充分认识到没有整体就没有层次，没有部分就没有系统。从横向来讲，坚持高校思想政治教育评估的系统性，就是要坚持不同类型高校思想政治教育评估过程的连续性。高校思想政治教育评估只有构建好一个良好运作的完善的系统,才能正确地认识和分析评估客体的客观现状。这个系统的良好运作从纵向上来讲,就是要坚持评估过程和评估循环的连续性。一方面,要坚持高校思想政治教育评估过程的连续性。否则,评估工作中某一环节的滞后和脱节就可能引起评估客体对象信息的时效性失效,进而可能导致整个高校思想政治教育评估工作的无效。另一方面,要坚持高校思想政治教育评估循环的连续性。一次评估工作的结束不代表整体评估工作的完结,而是下次评估的开始,只有在连续的评估循环中不断总结、改进、调整,高校思想政治教育评估才能在逐步发展的过程中不断完善。

(五)定性与定量有机结合的原则

高校思想政治教育的定性评估,是通过对评估客体的整体和部分的性质的分析与把握,来获得对其某一特定评估环节和项目的判断的方法。高校思想政治教育的定量评估,是指运用数据的形式,通过对评估客体表现出来的一些数量上存在的关系进行整理分析,从数量上相对精确地对某一特定评估项目进行判断的方法。唯物辩证法坚持事物质量互变的基本规律,认为没有无质的量,也没有无量的质,质与量不能单独存在。科学的评估必须将定性评估与定量评估有机结合起来。没有定性评估,只能是模糊不明的评估;没有定量评估,只能是无现实意义的评估。但是也不能违背定性与定量有机结合的原则机械地组合定性与定量评估,要根据高校思想政治教育评估的实际情况,正确认识定性、定量评估方法的适用范围,科学选择、合理配置组合评估方法,从而真正坚持定性与定量有机结合的原则。

(六)静态与动态有机结合的原则

高校思想政治教育的静态评估,是指在一定时间、空间和情境下,对高校思想政治教育活动、教育效果及条件因素的现状进行评估。高校思想政治教育的动态评估,是指在一定时间、空间和情境序列中,对高校思想政治教育活动、教育效果及条件因素的现状进行评估。静态评估表明评估客体的现状,动态评估则表明评估客体的发展能力和发展趋势。唯物辩证法中关于运动的绝对性与静止的相对性是物质运动的两个属性的基本观点,也是高校思想政治教育静态评估与动态评估有机结合的理论基础。坚持高校思想政治教育评估静态与动态的有机结合,就要看到高校思想政治教育各项构成要素在评估活动某一阶段中的相对稳定性。在此基础上,通过动态的分析了解其能够达到的程度和发展的趋势,从而为下一轮的高校思想政治教育评估奠定一个更高的基础。只有这样,才是真正的静态与动态的有机结合。反之,任何割裂二者的做法,以及机械地组合二者的做法,都只能是对这一原则的违背。

(七)绝对与相对有机结合的原则

高校思想政治教育的绝对评估,是指将思想政治教育的过程、效果等评估客体,置于国家整体环境下,在一定的统一标准下进行测定和评价,主要突出高校思想政治教育在党和国家,以及社会的要求下的整体完成情况和效果。高校思想政治教育的相对评估,是指将思想政治教育的过程、效果等评估客体,置于同一时间维度下不同部门和学院的评估,或同一部门和学院在不同时间维度下的评估,主要突出高校思想政治教育的发展和变化。绝对评估和相对评估的有机结合,既能保证高校开展思想政治教育工作不脱离国家、社会的大背景和环境,又能兼顾不同高校开展思想政治教育的发展情况和评估实际。脱离绝对评估,容易导致高校思想政治教育的封闭性;脱离相对评估,容易忽视高校思想政治教育的发展性。只有兼顾绝对评估和相对评估,才能保证高校思想政治教育评估的科学性和系统性。

二、高校思想政治教育评估的作用

高校思想政治教育评估的作用,是指高校思想政治教育评估体系的各个环节和要素有机整合所发挥的特有能力或积极作用。评估主体、评估客体以及指标体系所遵循的思想政治教育评估价值标准等主要的高校思想政治教育评估构成要素的有机整合,决定了高校思想政治教育评估具有以下几个主要作用。

（一）导向作用

一方面，高校思想政治教育评估是在新时代新要求的背景下对高校开展思想政治教育实现其社会价值的判断，那么其必然会引导高校思想政治教育活动适应社会的发展需要，并朝着社会发展需要的方向发展，进而更好地实现其社会价值。另一方面，高校思想政治教育是一个动态和发展的过程，在教育的开展和进行过程中会不断发生变化，为了防止高校思想政治教育的方向偏离或完全背离正确的方向，就需要通过高校思想政治教育评估对教育活动的发展方向作出判断，对教育的效果作出价值判断，从而使高校思想政治教育的开展不断根据评估的结果作出方向和策略调整，使高校思想政治教育活动的方向始终与高校思想政治教育的目标保持高度一致。

（二）鉴定作用

高校思想政治教育评估根据评估指标体系，运用一定的评估方法，对高校思想政治教育评估对象进行全面的判断，鉴定价值的大小或效果的好坏，以及方向的准确与否，从而认识评估对象在质与量两方面的现状。具体来说，主要体现在对高校思想政治教育目标实现状况及效果的鉴定。高校思想政治教育活动要围绕目标与子目标开展，在环节上要保持连贯性，这体现在教育方案的设计、教育的方法内容、教育的过程环节、教育的效果上是否与教育目标保持一致，一致性如何；在哪些方面存在偏离，偏离了多少。高校思想政治教育评估就是要通过对具体指标体系的评估，着重判断这些内容，同时还要对偏离目标的原因作出定性分析，为反馈信息和提供意见、建议做好准备。

（三）激励作用

严肃、客观的高校思想政治教育评估对评估对象所作的价值判断，具体表现为对高校思想政治教育的各领域的工作状况与精神面貌的评判。它有利于调动评估对象的积极性和创造性。通过评估，使高校思想政治教育工作者或组织认识到自己的工作成绩和不足，使他们明确努力方向，积极向上。

高校思想政治教育评估的激励作用具体表现在，它使评估对象的努力得到社会、组织与他人的承认，使他们的主动性与工作热情得到最大程度的发挥。同时，帮助和激励评估不合格或较差的评估对象，认识到不足与差距，从而得到更好的改进与提高。

（四）选拔作用

选拔是建立在评估的基础上的。在现实生活中，人们总是存在以某种价值标准进行比较、选择的心理或实践活动，这就是广义的评估的选拔作用。在高校思想政治教育评估过程中，评估主体会按照一定的价值标准对不同的评估客体进行科学、客观、系统的比较，经过分析和综合、鉴定和判断，充分地掌握评估客体的思想状况及其基本素质或工作业绩等详尽的信息，为选拔先进模范、优秀人才或先进单位提供客观、可信的依据。同时，有助于先进模范、优秀人才或先进单位发挥榜样的示范作用，更加有利于高校思想政治教育活动的开展。

（五）咨询作用

高校思想政治教育是一项庞大且复杂的系统工程。组织系统要顺利运行，高校思想政治教育领导部门的科学决策和有效管理十分重要。而科学决策与有效管理是建立在领导者对大量客观、可信的信息的及时掌握基础上的。高校思想政治教育评估能够对高校思想政治教育系统活动过程中的各个环节的运行情况与效果的信息进行及时搜集、整理和分析，为领导者提供大量的客观、可信的信息，从而为其进行正确的决策和有效的管理提供客观的依据。同时，高校思想政治教育评估对评估对象在高校思想政治教育活动过程中的自我改进、活动结束后的自我总结也具有咨询作用。

第四章

高校思想政治教育评估体系构建的探讨

本章是全书的重点，也是突破创新之处。本章从高校思想政治教育评估的内涵创新和模式创新出发，提出高校思想政治教育评估体系的整体结构，通过绘制高校思想政治教育评估体系的结构网络图，分析新的时代背景下高校思想政治教育各个板块间的内在联系和外在支撑；对高校思想政治教育评估组织体系、指标体系、方法体系的构建分别进行了详尽的论述。

构建一个科学、客观、可行的高校思想政治教育评估体系是高校思想政治教育评估的重要内容。没有科学、系统的评估体系的高校思想政治教育评估只能是零散而不完整的一般评价活动，难以称为科学的高校思想政治教育评估。本书通过对高校思想政治教育评估的基础理论和评估原理的分析，希冀在构建一个完整的高校思想政治教育评估体系的研究中，提出一些粗浅的思考和设想。

需要说明的是，本书是从一般意义上对高校思想政治教育评估开展研究，因此，下面的论述并不涉及某一具体评估系统及其各个子系统的针对性设计与构建。在附录中按照书中部分设计思想，针对高校思想政治教育评估指标体系，提供了具体的设计案例，作为下述论述的部分论据，以供参考。

第一节 高校思想政治教育评估的创新

一、高校思想政治教育评估的内涵创新

毫无疑问，高校思想政治教育评估是一个过程，是对思想政治教育工作过程中的投入、产出与成果影响所反映的绩效进行评定的过程。但是，本书认为最为重要的是如何运用这一评估结果，这才是高校思想政治教育评估的核心问题。因此，高校思想政治教育评估是根据高校思想政治工作的目标，运用评估指标对高校思想政治工作部门履行教育职能所产生的结果及其影响进行评估、划分绩效等级、提出绩效改进计划和运用评估结果来改进绩效的活动过程。高校思想政治教育评估强调以教育结果为本；评估活动过程谋

求信息沟通机制在教育部门之间、教育部门与教育对象之间的建立与完善；评估结果的使用谋求高校思想政治教育工作责任实现机制的加强与完善；评估标准包含教育效率、教育能力、教育质量和教育对象满意程度等方面的绩效要求；评估目的可规范高校思想政治教育行为，提高高校思想政治教育效能。

高校思想政治教育评估是一个包含范围相当广泛的术语，评估活动主要是对思想政治教育工作的花费、运作过程及其效果等方面的测定，测量高校思想政治教育行为和实现教育目标的程度并由此划分绩效等级、发放绩效问题，从而改进高校思想政治教育工作绩效体系。这一过程不是一个单一的教育工作行为过程，而是包含了确定教育目标、阐明评估的任务与目的要求、构建可量化的评估指标和评估标准、划分绩效等级、公布评估结果、运用评估结果等环节在内的综合行为系统。在这个行为系统中，根据原则确定教育工作目标、进行思想政治教育工作的分析是起点和基础，建立一套能够反映思想政治教育工作效能的评估指标、绩效标准和计量方法是主要内容，构建评估结果的应用机制是核心。

二、高校思想政治教育评估的标准创新

高校思想政治教育评估的标准是衡量高校开展思想政治教育评估成效的主观和客观尺度。在以往的实践中，由于缺乏有效衡量高校思想政治教育的主观和客观标准，导致高校思想政治教育难以建立科学、有效、可行的评估体系。根据近年学界对思想政治教育评估的理论研究，本书将高校思想政治教育评估的标准划分为以下几种。

（一）高校思想政治教育评估的宏观标准

高校思想政治教育评估的宏观标准，即从国家的发展视角出发，以历史发展过程中高校思想政治教育评估对社会主义现代化建设的作用对高校思想政治教育的效果进行的评估，一般可以分为目标标准和效果标准两个层

面。目标标准是指以高校思想政治教育评估的最终目标是否实现作为评估的标准,主要是评估高校思想政治教育评估主体对实践过程的控制状况和程度,体现了实践活动中的主体作用和主观意识。高校在开展思想政治教育评估的过程中只有以是否达到目标为标准不断进行调整,才能保证思想政治教育实践活动的成功。因此,目标标准也是高校思想政治教育评估的检验标准。效果标准是以高校思想政治教育评估的社会效果作为评估的标准,主要是检验高校开展思想政治教育过程中的相关活动对社会产生的影响的深度、广度,并以此作出评估价值的判断。评估价值的衡量标准主要有两种:一是通过在思想政治教育的相关活动中进行相关的思想、观点和理论等的阐释、说明和宣讲,以促进和激励社会方方面面的发展和完善;二是通过教育的相关活动、教育者对教育对象的教育活动,进而对社会的发展和完善产生相应的作用和影响。

相比较而言,目标标准侧重于对本部门和内部系统关系进行分析、研究和调控;效果标准侧重于对本部门和其他部门、本部门和外部系统甚至社会之间的关系的分析、研究和调控。

(二)高校思想政治教育评估的微观标准

高校思想政治教育评估的微观标准,即以高校思想政治教育过程中的一项具体工作为评估对象,对具体的、特定的人、事或教育过程进行评估研究所需要确定的标准。在高校思想政治教育评估的具体实践中,常常需要针对特定评估对象某一具体方面的思想政治状况开展评估。因此,本书认为,高校思想政治教育评估的微观标准应该包括绝对标准、相对标准和自身标准三层标准形式。绝对标准,一般指在被评估者所在群体之外形成和确立的标准,包括高校思想政治教育评估的长远目标、根本目的和基本准则等涵盖一定社会规则和规范的评估标准。相对标准,一般指在被评估者的群体中抽取一个特定个体,将这一个体与被评估者逐一比对,以此判断其在被评估者群体中的相对位置,进而通过对被评估者个体的研究推广到被评估者全体的标准。自身标准,一般指将被抽取的特定个体在某一特定过程或阶段的表现作为基准,与其在不同过程或阶段的表现相对比,通过比较它们之间的评价差距形成的一种标准。在高校思想政治教育评估的实践中,无论是绝对标准、相对标准,还是自身标准均能通过对比,使每一个特定个体的思想政治教育状况都可以确定在一个相应的位置,以表示其在评估活动中的价值和作用。

(三)高校思想政治教育评估的社会标准

在高校思想政治教育评估中,社会反响和社会作用也是一项重要的价值判断标准。社会标准,即以价值标准为基本前提,以社会发展和社会需要及其变化的客观依据为根据,以一定尺度和标准衡量高校思想政治教育的价值,以促使高校思想政治教育更好地满足社会需要为目的的标准。社会标准在具体的标准实践上可以划分为基础标准和具体标准。马克思曾指出:"人的思维是否具有客观的真理性,这并不是一个理论的问题,而是一个实践的问题。人应该在实践中证明自己思维的真理性。"[①]作为检验真理的唯一标准,实践在高校思想政治教育评估中也发挥着重要的作用,高校思想政治教育是否有效、影响有多大、是正面影响还是负面影响等问题,都需要放在社会的实践中去判断。因此,实践作为社会标准的根本,也是开展高校思想政治教育评估的重要动力,实践所产生的社会物质影响和社会精神影响,最终构成了高校思想政治教育评估的基础标准。社会标准的具体标准是指通过对社会影响力的分析判定,构建一个科学化、具体化、条理化的价值尺度体系,最终形成一个由高校思想政治教育的实践及其形成的社会影响和效果所决定,涵盖高校思想政治教育评估主体和客体需要的具体化标准。

三、高校思想政治教育评估的模式创新

目前,高校思想政治教育工作中普遍采用的评估方法或模式基本上都属于"行为目标模式"。该模式把高校思想政治教育的目标、方案、计划等用取得的绩效成果来表示,并把目标、方案、计划当作高校思想政治教育绩效评估

① 《马克思恩格斯选集》第1卷,人民出版社,1972,第16页。

的主要依据。评估就是判断实际活动达到目标的程度，同时也规定了评估就是明确实践工作偏离目标的程度，从而通过信息反馈促进工作向目标逼近。

但是，我们认为高等院校不同于企业和其他营利组织，高校思想政治教育工作具有较大的特殊性。它不像营利组织根据营利目标的实现程度来单纯地评估。高等院校作为事业单位的公益性质决定了高校的教育投入和利润回报并不在高校开展思想政治教育活动的考虑范围内。因此，纯粹以绩效成果为导向的“行为目标模式”并不完全适用于高校思想政治教育评估的开展。第一，高校思想政治教育评估若单纯地以目标为依据和中心，那么，目标本身的合理性和可行性又怎样得到保证？第二，高校思想政治教育工作除了要达到预期的目标之外，客观上还会产生非预期的效应与效果，对这些非预期的效果要不要评估，怎样评估？

因此，本书认为，高校思想政治教育评估的模式，是根据过程论的理论，以高校思想政治教育评估目标的设定为起始，以高校思想政治教育工作的改进效果为结束的一个不断循环往复的模式。具体来说应该包括以下循环过程。

第一，背景评估。高校思想政治教育评估首先要对作为评估依据和中心的高校思想政治教育的目标本身进行评估，即根据时代背景下社会、政治、经济等总体目标的需要对目标本身进行价值判断，以发现关于高校思想政治教育的目标与社会、政治、经济等方面的实际要求之间的差距。

第二，输入评估。高校思想政治教育评估应充分了解关于达到目标所需要的和可以得到的各方面的条件，对高校思想政治教育工作方案和计划的可行性等进行评估。实现思想政治教育目标的可能性，各种方案的潜在成本、优势与劣势等，都是“输入评估”的内容。

第三，过程评估。高校思想政治教育评估需要系统地搜集、综合、整理大量的反馈信息及有用的情报资料，通过认真的分析、研究，探索新的时代背景下高校思想政治教育方案、计划实施过程中的潜在问题，并寻求解决这些问题的办法。

第四，结果评估。衡量目标的达成度，进行结果评估是工作质量控制的一种手段,即衡量出活动质量存在的问题之后,作出新的相应的决策来提高活动质量。

以上四个阶段是高校思想政治教育“目标—资源—过程—结果”循环的绩效评估模式。这一模式是高校思想政治教育评估的基本框架,主要解决“行为目标模式”中关于目标评估的相关问题。

高校思想政治教育评估的四阶段模式的运行要坚持一个重要的理念,即在背景评估的基础上,后续的评估阶段要在某种程度上坚持从结果来判定其价值,而较少考虑目的或目标。这一思想的基础是高校思想政治教育评估太容易受目标的限制,适用于第三方评估。应把考虑重点由“目标要求干什么”改为“工作过程实际干了什么”。这一思想在一定程度上强调了高校思想政治教育评估中的重要准则并非高校思想政治教育的方案、计划应当满足目标的程度,而是它们能满足社会需要的程度。

第二节
高校思想政治教育评估体系的整体结构

一、高校思想政治教育评估体系的组成部分

高校思想政治教育评估体系作为高校开展思想政治教育活动的重要组成部分，其整体结构的构建是一个庞大、复杂而又艰巨的系统工程。本书从系统论和过程论的角度对高校思想政治教育评估的系统构建提出以下设想。

高校思想政治教育评估体系应该包括三个子系统：高校思想政治教育评估组织体系、高校思想政治教育评估指标体系和高校思想政治教育评估方法体系。这三个子系统在高校思想政治教育评估活动中处于同等重要的地位。高校思想政治教育评估缺失其中任何一个子系统，都不是一个完整的评估体系，也无法执行任何评估活动。

另外，它们又是相互联系的三个子系统，它们的设计与构建是相互联系、相互作用与相互交错的。组织体系的构建涉及其他两个子系统的设计人员的选配；指标体系的设计又涉及评估方法的选择与设计人员的参与；方法体系的设计则涉及其他两个体系的顺利构建。高校思想政治教育评估体系网络如图4-1所示。

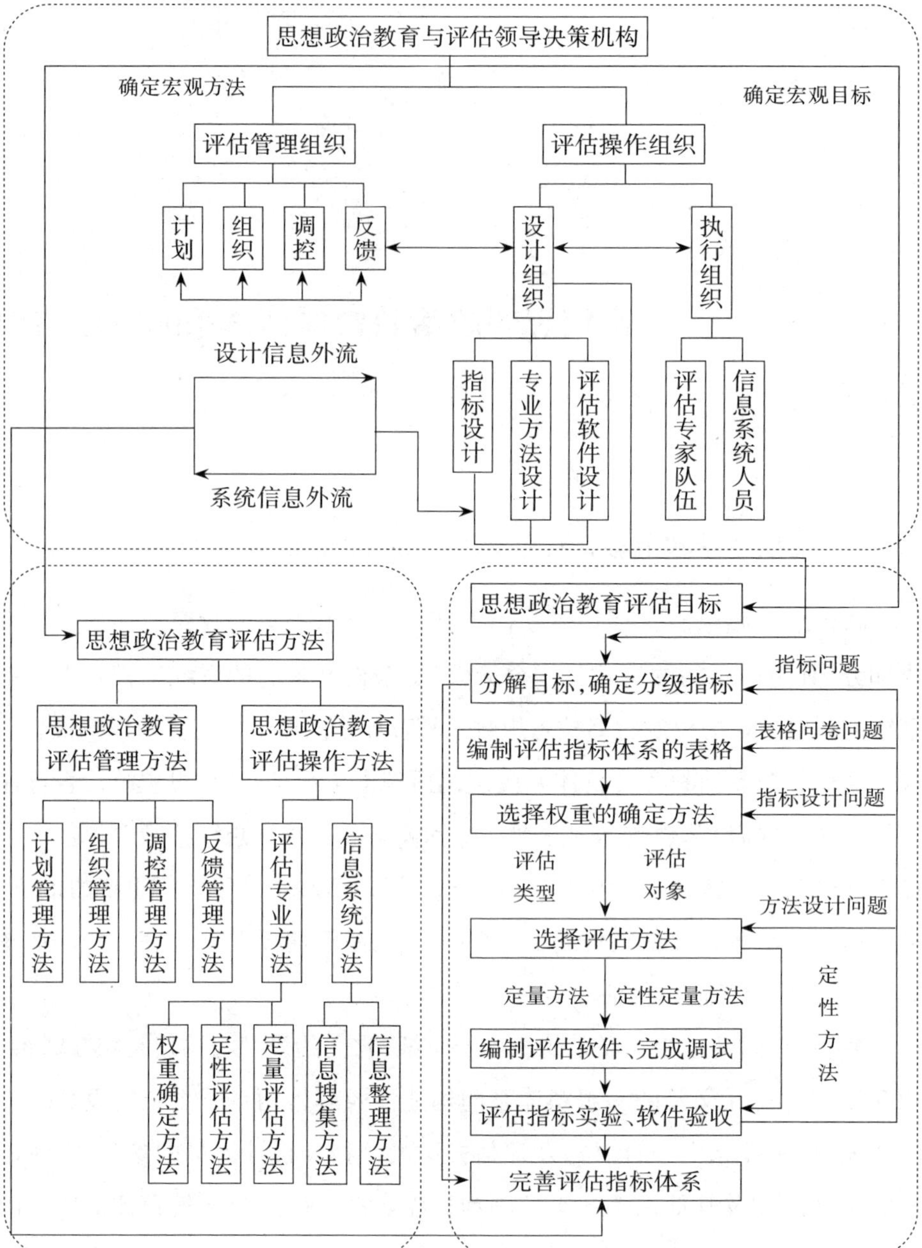

图4-1　高校思想政治教育评估体系网络图

图4-1中上层虚框中的组成部分是高校思想政治教育评估组织体系的结构，右下角虚框中的组成部分是高校思想政治教育评估指标体系，左下角虚

框中的组成部分是高校思想政治教育评估方法体系结构。这三个子系统是由图中所示的流程线条纵横连接而构成一个完整、有机的高校思想政治教育评估体系。

二、高校思想政治教育评估体系的内在联系

高校思想政治教育评估体系的内在联系是指在整个高校思想政治教育评估体系中构成完整体系的三个子系统之间存在的相互关系。子系统与子系统之间存在一定的前后联系和协同关系,它们之间存在的这种逻辑关系,构成了整个高校思想政治教育评估的体系完整性。

(一)高校思想政治教育评估组织体系与高校思想政治教育评估指标体系的关系

如图4-1所示,高校思想政治教育评估组织中的领导决策机构从宏观上决定了高校思想政治教育评估的目标,领导决策机构在对党和国家的方针政策、社会形势的精准把控下,在明确高校思想政治教育目标的基础上,明确高校思想政治教育评估的总体目标。而明确高校思想政治教育评估的总体目标是完善高校思想政治教育评估指标设计的首要基础,只有明确评价目标,才能对评价目标进行进一步的分析和拆解,进而把评估目标科学、系统地转化为具体的、可行的指标体系、指标集合与指标层级。因此,由高校思想政治教育评估领导决策机构所确定的评估目标,是建立并完善高校思想政治教育评估的前提条件。

在明确了高校思想政治教育评估的目标之后,高校思想政治教育评估的具体操作组织就可以开始进行指标体系的设计和完善。评估操作组织进行指标体系设计的主要任务是对高校思想政治教育评估的目标进行剖析和分解,初步设计、完善并形成相应的指标层级和指标体系;同时确定具体的评估操作流程和步骤,以及完成对评估软件的设计、测试和完善;通过小范围测试,将评估指标和评估层级进一步完善,最终确定高校思想政治教育评估的指标体系。

（二）高校思想政治教育评估组织体系与高校思想政治教育评估方法体系的关系

如图4-1所示，高校思想政治教育评估组织中的领导决策机构从宏观上决定了高校思想政治教育评估方法。所谓从宏观上是指高校思想政治教育评估组织中的领导决策机构根据评估客体的不同，对高校思想政治教育评估方法的选择从政策、方向、重点、方法等方面进行决策与确定。这里所说的评估客体的不同主要是从评估客体所处的工作领域等对评估客体有特殊性质规定的角度讲的。譬如，当高校思想政治教育评估的客体是军校学生时，领导决策机构对方法的确定就应当与评估客体是普通大学生时区别开来。

高校思想政治教育评估的管理组织对高校思想政治教育评估活动具有计划、组织、调控和反馈的管理职能。计划职能是高校思想政治教育评估的决策落实过程，它是实现评估目标和完善评估管理活动的重要途径，也是开展并进行其他组织管理活动的坚实基础。组织职能是维持高校思想政治教育评估活动顺利开展和良好运行的根本保障，本书所述的组织职能不是广义上的组织管理，而是特指对高校思想政治教育评估活动运行中各个环节和步骤的安排，也是对计划职能的进一步落实。调控职能是保证高校思想政治教育评估活动的计划与实际工作动态相适应的管理职能，有效且高效的调控是保证高校思想政治教育各项评估活动始终坚持正确的目的和前进方向的重要手段。反馈职能是指整个高校思想政治教育评估活动中各种信息的相互交流，包括计划信息、组织信息、调控信息的输入与反馈信息的输出，方法设计、指标设计的信息向管理组织的输入与反馈信息的输出，等等。

高校思想政治教育评估组织的上述职能决定了高校思想政治教育评估管理的方法具体包括计划管理方法、组织管理方法、调控管理方法与反馈管理方法。同样，高校思想政治教育评估的操作组织也直接决定了其应使用的评估操作方法。

(三)高校思想政治教育评估指标体系与高校思想政治教育评估方法体系的关系

如图4-1所示,从系统中难以直观地找到高校思想政治教育评估指标体系与高校思想政治教育评估方法体系之间的关系,但显而易见的是,这两个子系统之间是存在一定的直接和间接关系的,指标体系的设计不同必然会使针对该种指标进行评估的方法不同,这种关系在一定程度上主要依托高校思想政治教育评估的组织体系作为连接。一方面,高校思想政治教育评估指标体系的设计需要考虑指标设计的方法选择、权重确定的方法选择、评估专业的方法选择等以何种方法开展评估方面的相关问题。另一方面,在指标体系设计的过程中会涉及并出现相关管理方法的问题,而这些方法问题的解决是以高校思想政治教育评估组织体系的相关部门、人员作为载体,通过中介作用来完善的。因此,高校思想政治教育评估指标体系与方法体系在客观的设计方法上存在直接的关联,在主观的相关管理上存在间接的关联。

三、高校思想政治教育评估体系的信息反馈

如图4-1所示,高校思想政治教育评估体系的信息反馈系统是整个高校思想政治教育评估体系中一个十分重要的部分。这个信息反馈系统采取的是增量迭代式反馈机制。所谓增量迭代式反馈机制,是指评估的各个子系统及整个体系在信息的不断反馈过程中,随着信息多次的输入和输出,不断地进行等级的提升或层次的调整。和图4-1中所展示的一样,高校思想政治教育评估管理组织中的反馈系统是整个高校思想政治教育评估体系信息交互和流通的中心与枢纽,所有的操作信息都是通过不同的渠道流向反馈系统,再由反馈系统处理后流向相应的管理组织,最后再通过反馈系统将管理组织的决策处理信息返回给操作系统。在这种增量迭代式的反馈机制的不断作用下,高校思想政治教育评估的整个评估体系才能不断提高、改进和完善。

(一)高校思想政治教育评估指标体系设计的信息反馈

高校思想政治教育评估指标体系的设计不可能在初次实验设计和运行中就能获得完善的结果,在实际实施的过程中必然会出现各种各样的问题,无论是指标选择和方法设计的技术问题还是理论解释、目标分解的相关问题,都涉及完整体系的科学构建。例如,由于技术实施的问题,需要对评估的计划进行变更、对实施的进度进行调整时,就重新对组织的计划进行设计和实施,同时评估的方法也需要根据情况进行变化;又如,由于设计人员对评估目标的理解出现问题,需要高校思想政治教育评估的领导决策机构给予更清晰的理论解释和阐述等各种设计信息,都必须经过操作组织中的设计组织向管理组织进行反馈和通报,在经过管理组织进行信息处理和工作后,将处理的意见返回指标体系设计中,完成一次信息反馈,设计人员在这些返回信息的基础上解决相关问题,进而继续完成指标体系的设计,而这次的设计工作已经是在问题解决前的基础上进行的更加完善的体系的设计,也即完成了一次信息的增量迭代。

(二)高校思想政治教育评估执行组织的信息反馈

高校思想政治教育评估的执行组织,是指在评估体系的整体构建完成后,评估具体实施过程中执行具体技术性操作的人员组织,包括评估专家和评估信息的搜集、处理人员。同评估指标体系设计的信息反馈一样,执行组织在实施具体的评估活动的过程中也会遇到各种实际的问题。如评估专家的选择、聘请、组织、联系与交流,信息搜集的准备、宣传、落实、整理工作等,以及在评估过程中可能会出现的问题,都需要及时反馈给评估管理组织,再由评估管理组织根据一定的工作程序处理之后反馈给评估执行组织。

(三)高校思想政治教育评估管理组织的信息管理

高校思想政治教育评估管理组织之间应该建立完善、及时的信息管理机制,以便及时平衡评估管理组织的多个职能之间的关系,协调不同职能间可能出现的矛盾和冲突。主要包括评估管理组织根据评估管理组织体系以外所流入的信息，对信息进行分析、辨识、处理，将有关计划、组织、调控等具体评估职能类的信息经过处理后，通过反馈职能输出到相应的信息来源和信息使用处。评估管理组织对评估操作组织的活动进行除技术管理以外的大部分管理活动，而这些管理主要依托于在评估的实践中对各类信息的分析、处理和反馈，包括评估信息的处理、评估组织信息的处理、评估人员信息的处理。

第三节 高校思想政治教育评估组织体系的构建

系统、完整、科学的高校思想政治教育评估组织体系是高校思想政治教育评估活动顺利、有效开展的组织保障。在高校思想政治教育评估的实践过程中,由于存在诸多制约和影响高校思想政治教育评估工作开展的因素,使得建设一个有能力、高水平的评估组织尤为重要,评估组织的建设水平和完善与否,直接影响评估过程的顺利程度和评估结果的有效程度。因此,为了能够作出客观、准确、可信的评估,一个最基本的前提条件是必须首先完成高校思想政治教育评估组织体系的构建。

一、高校思想政治教育评估组织体系的含义和特征

按照现代管理学的理论,高校思想政治教育评估组织的目标是在新的时代背景下对高校思想政治教育领域中某个评估客体进行价值判断。因此,高校思想政治教育评估组织体系可以理解为,在进行高校思想政治教育评估活动中从事不同活动的各项评估主体,为了实现某项具体价值判断而组合起来协调行动的集合。从动态角度来说,高校思想政治教育评估组织体系是一个由评估领导决策机构所统领的,由评估管理组织与评估操作组织所具体运作并推动完成评估活动的系统组织,它是一个动态地反映评估外在环境要求,有效积聚新的组织资源要素,同时协调好组织中各个子系统之间、人员与任

务之间的关系，有效地保证组织活动的开展，最终保证高校思想政治教育评估目标实现的组织体系。

通过对高校思想政治教育评估组织体系含义的进一步分析，可以总结出高校思想政治教育评估组织体系具有以下四个特征。

（一）调控性

调控性是指由于高校思想政治教育评估计划与实施之间的不完全一致性而需要评估管理组织对相关活动进行动态适应的特征。从高校思想政治教育评估的一般管理意义上来理解，主要是环境的变化、权力的分散、信息的传递和工作能力的差异等需要评估管理组织进行调整、控制，完善计划和实施之间的协调平衡。同时，高校思想政治教育是一个意识形态领域的理论和实践活动，所以高校思想政治教育评估的调控性也体现在适应党和国家思想政治教育要求的变化上。要强调领导意识在评估活动中的重要地位与作用，调控性就需要评估领导决策机构通过各种有效途径与手段动态地把握评估活动中有可能偏移或忽略高校思想政治教育意识形态特征的现象。

（二）规范性

规范性是所有组织存在、运行的根本纪律保证，高校思想政治教育评估组织体系也不例外。只有形成相应的规章制度并严格执行，高校思想政治教育评估的过程和结果才具有可信度和有效性。高校思想政治教育评估组织体系需要制定科学、系统的规章制度及程序化、标准化的工作流程，设立相关的监督引导机构保障规章制度的有效落实，规范地引导评估人员的行为，进而保障整个高校思想政治教育评估体系的规范性。

（三）分权性

分权性是相对于集权性而言的。集权性表示组织中的决策权力主要集中在组织的高层。反之，当实施具体工作的基层组织人员具有更多的决策权力时，称之为分权。高校思想政治教育评估组织体系由于评估的专业性较强,加之有时操作组织中的评估专家甚至分散于各地,集权性反而会导致高校思想政治教育评估组织体系的运作不畅。例如,高校思想政治教育评估操作组织子系统中的设计组织中评估软件设计组织成员对软件设计的重要问题,就不需要上层组织来进行具体的决策或处理,而只需将相关信息进行上传处理。

(四)复杂性

所谓复杂性,是指高校思想政治教育评估组织体系内部的专业划分程度、组织层级以及组织人员之间、组织子系统之间存在着很大的差别性。如图4-1所示,高校思想政治教育评估组织结构属于锥型结构与扁平型结构的综合体。评估管理组织属于扁平型结构,它的管理幅度大、层次少,从结构上讲相对简单,这是为了使评估管理信息较少失真,并加快信息传递速度的一种结构设计,但同时信息种类和数量的繁杂也带来了评估管理的复杂性,使上一级组织始终处于较多关系的处理之中。评估操作组织属于锥型结构,它的管理幅度小、层次多,结构比较复杂,这一组织子系统上传的信息多是专业技术信息,包括指标设计信息、数学方法信息、计算机技术信息以及评估过程中的信息等,这就使信息的传递更加复杂。

二、高校思想政治教育评估组织体系的构成要素

要完善高校思想政治教育评估组织体系的构建,必须首先明确高校思想政治教育评估组织体系的构成要素。根据现代管理学的理论,本书认为高校思想政治教育评估组织体系应该主要包括以下几个构成要素。

(一)高校思想政治教育评估组织的目标

高校思想政治教育评估组织的目标应是对新的时代背景下高校思想政治教育领域中某个具体评估客体进行价值判断的体现,它是高校思想政治教育评估的方向与具体内容。目标的设定直接影响高校思想政治教育评估的效果,因此,高校思想政治教育评估组织的目标应该由评估领导决策机构在

结合新时代的要求和评估实际的基础上制定,并由不同层次的子目标系统构成。

(二)高校思想政治教育评估组织的成员

高校思想政治教育评估组织的成员是组成高校思想政治教育评估组织的一定数量的个人的有机集合体,这些个人在评估组织中从事不同的工作,但又由于不同工作的连接性形成高校思想政治教育评估的整体。高校思想政治教育评估组织的成员包括三大部分:一是评估领导决策人员,主要负责高校思想政治教育评估的顶层设计,包括目标、方向的制定等工作;二是评估管理人员,主要负责高校思想政治教育评估过程管理,主要包括组织、人员的管理,规范化的管理等;三是评估操作人员,主要负责高校思想政治教育评估的具体实施,主要包括数据搜集、问卷调查等工作。他们在高校思想政治教育评估组织体系中从事同一目标而不同性质的工作。

(三)高校思想政治教育评估组织的活动

高校思想政治教育评估组织的活动是指为了实现高校思想政治教育评估组织目标而进行的一系列相互关联的有组织的系统行为。这种活动,按评估主体,即评估组织成员的不同,可以划分为评估领导决策的活动、评估管理的活动和评估操作的活动,这三种活动既相互独立又相互联系,共同构成了高校思想政治教育评估过程。

(四)高校思想政治教育评估组织的资源

高校思想政治教育评估组织的资源是指在开展高校思想政治教育评估活动中所需要的一切物质条件和精神条件。在一定意义上,它是高校思想政治教育评估顺利开展和运行的基础保证,具有可开发性、实用性、有限性和层次性等特征。高校思想政治教育评估组织的资源包括评估信息、评估的物质条件和获取评估信息与物质条件的手段。例如,评估地点、评估资料、评估软件等,都是高校思想政治教育评估的组织资源。

(五)高校思想政治教育评估组织的环境

高校思想政治教育评估组织的环境是指高校思想政治教育评估组织所面对的一切外部的客观存在。高校思想政治教育评估的活动必然会与外部存在的其他组织发生各种联系,一方面,外部环境会影响评估组织的活动;另一方面,评估组织也会利用自己的活动去影响和改造外部环境。高校思想政治教育效果评估组织在开展评估的过程中必然会受到学校其他组织的影响。如党委巡察和学科评估所传递的信息必然会影响思想政治教育效果的评估,而评估的结果也必然会对党委巡察和学科评估产生影响与改造作用。

三、高校思想政治教育评估组织体系的设计任务

高校思想政治教育评估组织体系的设计任务是设计清晰明确的评估组织结构,规划、计划和确定组织内各子系统的职能及范围。如图4-1所示,为了达到高校思想政治教育评估组织体系设计的理想效果,组织设计者需要完成以下几项工作。

(一)评估职能的分析与设计

高校思想政治教育评估组织设计的首要职能组织是评估的领导决策机构。领导决策机构首先需要根据当前党和国家的相关要求确定评估总目标,确定为什么要评估,评估需要达到一个什么样的效果,后续怎么运用评估结果。之后,组织设计者需要将总的评估目标结合高校具体情况进行层层分解,分析并确定完成子目标需要哪些基本的职能组织,然后设计和确定组织内从事具体管理工作及从事具体评估操作工作的各类职能组织及各项组织人员的类别与数量,分析每位组织人员应具备的资格条件,应享有的权利范围和应负的职责,等等。可以看出,这一设计是由上而下地进行的。

(二)评估组织子系统的划分

所谓评估组织子系统的划分,是指在完成高校思想政治教育评估组织中

各职能分析设计的基础上，根据所有的评估人员所从事评估工作的内容、性质的不同，以及他们之间的相互关系，按照一定的原则，将所有组织人员分组形成若干个相互联系的评估组织子系统，如图4-1中所示的评估管理组织与评估操作组织。各个评估组织子系统内仍然可以按照这一方法继续划分，直至形成可以完成评估工作的最小组织。

（三）评估组织体系的最终形成

在上述设计完成的基础上，对初步设计的各个组织子系统与人员的职能进行简单的测试及必要的调整，使组织机构的设置能够符合更好地推动高校思想政治教育评估工作的要求，同时进一步确定各个组织子系统之间的职责、权限及义务关系，制定出组织活动的规章制度，最终形成一个完整的网络。

四、高校思想政治教育评估组织体系构建的主要内容

基于明确的高校思想政治教育评估组织设计的任务和流程，高校思想政治教育评估组织体系构建应该包含的主要内容如下。

（一）领导决策机构的组建与人员的配置

高校思想政治教育评估组织体系由谁来建立？这是评估组织体系构建需要面对的首要问题。高校思想政治教育评估组织的领导决策机构有两种组建来源：一是由政府、公司、学校或企业等单位中达到一定层次、具有一定权威的领导决策者直接组建。二是由政府、公司、学校或企业等单位中达到一定层次、具有一定权威的领导决策者委托其所属的决策咨询部门或设立的专门委员会进行组建，由他们把握评估的内容及高层的决策目标，召集有关方面的专家及其他相关人员组成高校思想政治教育评估的组织系统。

在人员的配置方面，为避免评估活动脱节，无论是哪种组建方法，最好实现行政领导与党组织领导的协同配合。行政领导的主要职责是行使宏观组织管理领导责任和权力，并对评估活动的开展实施负责。党组织领导的主要

职责是把握高校思想政治教育评估的总体方向始终与党和国家的利益保持一致。只有这两方面的领导者有机、协调、平衡地合作,才能良好地发挥高校思想政治教育评估领导决策机构的重要作用。

(二)评估管理机构的组建与人员的配置

高校思想政治教育评估管理组织为高校思想政治教育评估活动的正常开展提供了强有力的组织支持作用,具体包括评估计划管理、评估组织管理、评估调控管理和评估信息反馈管理四个方面。这四个职能及其具体作用在以上章节已经有过详细的论述,在此不再赘述。

在人员的配置方面,高校思想政治教育评估管理组织的构建是由组织设计者把领导决策机构确定的评估目标进行分析和层层分解,最终确定为完成评估活动的管理需要哪些基本职能,经过进一步分析和研究,最终确定各项职能需要的人员类型与数量。同时,由于高校思想政治教育评估是一个复杂且庞大的评估系统,涉及较多信息的搜集与传递,在人员配置方面,需要同时兼顾到职能部门、学院、学生工作队伍等多个方面,以便能够完整、准确、及时地搜集和反馈信息,高效推进高校思想政治教育评估。

(三)高校思想政治教育评估操作组织的构建

高校思想政治教育评估操作组织是具体进行高校思想政治教育评估指标体系设计与实际执行具体评估活动的组织子系统。

1.高校思想政治教育评估设计组织的组建与人员配置

高校思想政治教育评估设计组织的职能主要包括评估指标设计、评估专业方法设计与评估软件设计。与这三个职能相对应,评估设计组织需要配置指标设计人员、评估专业方法设计人员与评估软件设计人员,他们都是专业技术人员。高校思想政治教育评估对他们的素质、能力及结构的要求是整个组织体系人员中最高的。他们的选配,要根据政治素质与专业水平相结合的原则,同时需要一定的专业性,业务上最好具备思想政治教育、统计学、计算机等方面的专业知识和技术。

2.高校思想政治教育评估执行组织的组建与人员配置

高校思想政治教育评估执行组织是在评估体系完成基本搭建和完善后，具体实践高校思想政治教育评估活动的组织。其主要职能有两个，一是对评估所需要的信息进行搜集整理，为评估专家对评估指标进行评价提供客观、完整和准确的材料，同时处理与分析评估专家所返回的评估信息，通过设计并测试完成的评估软件进行数据测试。二是组织评估专家根据所提供的材料对评估指标打分，并对相关的数据化信息进行汇总处理。

3.专家的选择与配备

评估专家的选择与配备是构建高校思想政治教育评估操作组织并使其良好运行的重要因素之一。评估专家的选择与配备对高校思想政治教育评估最终结果的可信度、有效性和参考性都具有十分重要的作用，在选聘和配备过程中需要尽可能覆盖熟悉相关评估内容各个板块的专家，同时，需要考虑的因素包括：本次开展的高校思想政治教育评估的目标、评估的内容、评估的要求以及评估可能用到的手段等。

4.高校思想政治教育评估规则的制定

高校思想政治教育评估规则，主要指的是高校思想政治教育评估工作实施的规定程序和评估人员的工作规范、职权范围、任务职责与奖惩办法等评估实施的制度或章程。无论是大型的高校思想政治教育评估还是小型的高校思想政治教育评估，无论是高校思想政治教育专项评估还是高校思想政治教育综合评估，都要按照统一的部署进行，应制定具体的评估工作程序。高校思想政治教育评估规则应由评估领导决策机构根据相关情况和要求制定，在制定的过程中要结合实际广泛征求意见，在综合考虑的基础上，制定出高校思想政治教育评估的具体规则。高校思想政治教育评估规则是高校开展思想政治教育评估的组织纪律保证。只有建立一套行之有效的评估规则，才能使整个评估实施过程有周密的组织，以便对评估工作进行跟踪和管理。

五、高校思想政治教育评估人员的基本要求

高校思想政治教育评估的复杂性与重要性，对参加评估的所有人员的基本素质、专业知识、综合能力等方面都提出了较高的要求。尤其是高校思想政治教育不仅涉及评估客体本身的各种问题，而且还涉及各种政治关系与意识形态。因此对评估人员的要求就更高了。其中不仅要求他们具有较强的专业知识，而且要有丰富的实践工作经验；不仅要求他们有较高的理论水平，而且要有一定的政治水平和处理各种社会关系的能力。

（一）高校思想政治教育评估人员应具备的素质与能力要求

具体来说，作为高校思想政治教育评估人员，应该具备如下基本素质与能力。

1.高校思想政治教育评估人员需具备较高的政治素质

高校思想政治教育评估人员应具有鲜明的政治态度和坚定的政治立场，坚持马克思主义唯物史观，坚持马克思列宁主义、毛泽东思想、邓小平理论、“三个代表”重要思想、科学发展观和习近平新时代中国特色社会主义思想，在开展高校思想政治教育评估中能够不轻易被社会和政治环境中的消极因素和压力所左右，不被西方资本主义思想渗透和影响，敢于坚持真理，修正错误。高校思想政治教育是关系国家意识形态的工作，也是关系青年一代如何看待国家、社会的重要工作。因此，政治问题和价值问题是高校思想政治教育评估人员无法回避，也不能回避的一个重要问题。如果评估人员没有一个坚定的政治立场，不能与党和国家保持高度一致，见风使舵，或者在某种错误的政治压力下轻易改变自己的正确见解，那么必然会对高校思想政治教育评估的正确性、准确性和有效性产生严重的影响。

2.高校思想政治教育评估人员需具有较深厚的专业知识和广博的多领域基础知识

要对高校思想政治教育某一领域的成果作出评价，最起码的要求是对这一领域的基本知识，如基本概念、基本理论有所了解，特别是对评估指标设计

人员的要求应该更高，不仅需要熟悉有关的基本知识，还要在相关评价领域达到精通的程度。高校思想政治教育评估人员是由众多专业人员组成的，有方法论专业人员、计算机专业人员、管理人员、高校思想政治教育专家以及信息处理人员等。他们不仅需要熟悉各自领域的专业知识，还要旁通相关领域的知识。如信息处理人员不仅要熟悉统计学相关知识、思想政治教育知识，还要具有较高的计算机操作与应用水平。综上，一个优秀的高校思想政治教育评估人员应当在知识结构的深度和广度两个方面都有所发展。

3. 高校思想政治教育评估人员需具备较丰富的业务经验和社会经验

较理想的高校思想政治教育评估人员是在高校思想政治教育的活动中工作过一定时间的，对相关领域的工作性质、内容、机构的运转情况、存在的问题都有所涉猎和了解，在此基础上的评估工作才能更准确和有效。例如，对高校大学生思想政治素养的评估，评估人员最好包括达到一定工作年限要求的优秀的思想政治辅导员，他们与大学生接触密切，在朝夕相处的过程中对大学生的思想也会比较了解，丰富的工作经验也更有利于评估工作的顺利开展。此外，高校思想政治教育评估人员具有其他方面的工作经验和社会阅历也很重要，这可以使其更容易和清晰地明了每一项评估客体受其他看似毫不相关因素的影响可能会出现的一些问题。

4. 高校思想政治教育评估人员需具有敏锐的洞察问题的能力和较强的创造力

国内国外局势的深刻变化，使高校思想政治教育必将面对环境变化的多样性和频繁性，以及高校思想政治教育对象的多变性。高校思想政治教育面对新时代的变化必须抓住两个要点：一是在瞬息万变的时代环境中抓住机会，转化不利因素，进行正面引导，将不利因素转化成积极正面的教育素材；二是积极探索和挖掘变化中的有利因素，培育和发展新时代的高校思想政治教育内容、手段等。

与此相对应，作为一个优秀的高校思想政治教育评估者，评估中最重要的就是要在复杂且多变的环境以及多样化的现象中善于寻找问题、观察问题,并研究发现其中的不足。在一定的程度上,发现问题的能力往往比解决问题的能力更加重要。高校思想政治教育的评估人员能够具有并始终保持一个善于分析、富于创造、敢于批判的头脑是十分重要的。同时,高校思想政治教育评估人员还必须具备一定的创造精神和创造能力,从而创造性地设计、开发和实施高校思想政治教育评估活动。

(二)评估人员的结构要求

评估人员的结构对评估活动的总体运行也有十分重要且深远的影响,不合理的评估人员组成对整体工作的开展会形成严重的阻碍,而合理的人员结构会有利于评估工作的开展。例如,评估组织操作人员中缺乏有经验的一线辅导员,学生德育评估工作的开展就会存在问题。总的来说,高校思想政治教育评估的组织人员在知识、能力、年龄等方面应该有一个比较合理的结构。

1.高校思想政治教育评估人员的知识结构要求

一方面,由于高校思想政治教育评估的复杂性,在知识类型的结构上,要根据不同评估客体的要求,合理建立具有相应专业知识的人员结构,充分做到知识与能力的互补。另一方面,在知识水平的结构上也应该具有一定的层次和比例,其中高级思想政治教育专家与中初级高校思想政治教育人员之间,高级评估人员与中初级评估人员之间都要有相应合理的比例。

2.高校思想政治教育评估人员的能力结构要求

高校思想政治教育评估需要多种能力的人员,有的评估需要理论分析,如目标的分解与指标的确定;有的评估需要统计分析,如评估信息处理;有的评估需要组织能力,如评估管理;等等。因此,必须根据高校思想政治教育评估各个子系统不同的具体工作要求及每个评估人员的特点作出合理的安排,从而调动整个评估系统中各个部分人员的积极性,互相取长补短,发挥系统整合的功能。

3.高校思想政治教育评估人员的年龄结构要求

年轻的评估人员往往富于批判精神和创造力,但由于缺少经验和阅历,容易被各类思想影响,形成一定的偏离主流思想的意见。中老年评估人员虽容易受到已有的理论框架束缚,但在处理问题时能够比较全面地进行思考,具有较丰富的社会阅历和工作经验。高校思想政治教育评估,要根据评估的具体情况和工作安排,合理地组合老、中、青评估人员。保持具有一定梯度的评估人员的年龄结构对高校思想政治教育评估工作具有十分积极的意义。

第四节
高校思想政治教育评估指标体系的构建

高校思想政治教育评估体系的评估指标具有十分明显的导向作用,评估指标构建和设立的重点,也往往是高校思想政治教育组织开展高校思想政治教育相关工作的重心。因此,构建一个完善、科学、系统的高校思想政治教育评估指标体系是整个高校思想政治教育评估体系的核心,是一项政策性要求高、科学性要求强、难度较大的工作。

一、高校思想政治教育评估指标体系的含义和类型

高校思想政治教育评估指标体系是直接体现高校思想政治教育评估对象整体特征和状态的一种形式,是由新的时代背景下高校开展思想政治教育活动所必须遵循的一定的价值标准和目标要求转化而来的,也是评估人员进行评估时所依据的统一的评估准则。

高校思想政治教育是有一定目的性的,如培养"德、智、体、美、劳"全面发展的社会主义建设者和接班人、加强高校开展思想政治教育活动的水平、优化和提高高校思想政治教育队伍的整体结构与层次等,都是高校思想政治教育活动的目标。这些目标也是高校思想政治教育评估的目标,但这些目标通常都具有原则性、概括性和抽象性,还无法通过测试及分析直接对它们进行评价、判断。为了能通过测试及分析对高校思想政治教育的价值进行判断,

还必须将这些具有原则性、概括性和抽象性的评估目标逐步分解为具体的、可行的、可测的分目标。

高校思想政治教育评估指标体系按照不同的分类标准,可以分为不同的类型。按照评估对象的不同,可以分为受教育者指标集合、教育者指标集合和教育环境指标集合;按照评估内容的程度,可以分为直接指标集合和间接指标集合;按照适用范围,可以分为通用指标集合和专项指标集合;按照内容形态,可以分为静态指标集合和动态指标集合;按照过程实践,可以分为目标指标集合、过程指标集合和条件指标集合;按照活动效果,可以分为整体效果指标集合和个体效果指标集合。按照广义的高校思想政治教育对象的不同,可以分为受教育者指标集合、教育者指标集合;按照狭义的高校思想政治教育对象的不同,可以分为个体受教育者指标集合和集体受教育者指标集合。

二、高校思想政治教育评估指标体系的构成要素

高校思想政治教育评估指标体系主要由指标系统和指标权重集合两个基本系统构成。

首先,评估指标系统反映了指标的结构形式。由于高校思想政治教育评估指标是对高校思想政治教育评估的价值标准和目标进行分析并逐级分解得到的,因此,高校思想政治教育评估的指标系统应该是一个具有分级分类的完整模块结构的指标集合,又或者说是一种具有树状结构的指标集合体系,其中每一个指标集都由若干个子集组成,每一个子集又由更小的子集组成。最后一级不能再分解的指标,称为末级指标。评估的目标通常设定为零级指标,以下逐级划分成一级指标、二级指标等,以此类推并最终形成末级指标,这样就构成了一个完整的高校思想政治教育评估指标系统。这种具有分级分类的模块式结构的指标系统有一个明显的优点,就是当仅对目标的某一个评估方面,如对某一方面的具体工作进行评估时,只需要取出相应的一个模块即子集,就构成了所对应的指标系统,而不必另外重新规划和设计全新的指标系统。

其次，高校思想政治教育评估的指标权重系统反映了各个指标系统之间的相互关系。评估指标系统是由分层次、分项目所构成的一个多因素的指标集合。这些指标在评估指标系统内的地位与其所发挥的作用必然存在差异，各自具有独特的、不同的作用，否则建构一个复杂的系统将会毫无意义。因此，如何明确各项指标之间的相互关系，以及各项指标之间的重要程度，对高校思想政治教育评估具有重要的意义，在此基础上建立一套明确的、科学的高校思想政治教育评估的指标权重系统就显得十分必要了。在这个系统中，每一项指标都会对应一个具体的权重系数，每一个指标的集合也会对应一个权重集合，每一个评估的指标系统也会对应确定的评估指标的权重系统。这一由若干权重集合所构成的系统，即高校思想政治教育评估的指标权重系统。

那么，什么是权重系数与权重集合呢？本书用数学的语言描述如下：假设某i项评估的末级指标得分为x_i，但由于它在其所属第i级指标集合中的重要程度为λ_i，则它的最终得分为y_i，即：$y_i = \prod \lambda_i \times x_i$，式中$\lambda$就是指标权重系数。对于同一项指标它为常数，对于不同指标它具有不同的数值，指标的重要程度越高，数值越大。反之则越小。采用权重系数的优点是有利于评估最终的数据综合处理，特别是用计算机处理时具有简单快捷、方便操作的特点。缺点是由于各不同指标在同一等级上的得分x相同，这就要求各指标不同等级的得分之间应具有相同的关系，这种关系应该是线性关系；当遇到非线性关系时，则必须对权重系数矩阵进行归一化的二次处理，在技术上会稍显烦琐。这一问题的处理方法在本书附录中有案例的具体运用说明，此处不再另外赘述。

所有指标的权重系数的集合就是权重集合，权重集合与指标系统的结构应该是两相对应的。权重集合也同时具有分级模块式的结构，就是说其也是由若干个子集所构成的。

不同的评估主体，由于价值标准不同，对各项指标在整个指标体系中的地位及各项指标的相对重要程度的认识也是不同的，就是说权重系数是评估主体的价值观念与价值标准在系统中的反映。

从权重系数与权重集合的概念可以看出，权重系数具有如下特点：首先，在有权重的评估时，任何一项指标都有一个相应的权重系数。其次，任何一个指标子集都有一个相应的权重子集。再次，任何一项指标的权重系数都应大于零且小于等于1，即：$0<\lambda\leq1$。最后，在一个权重子集中，所有的指标的权重系数之和等于1。

三、高校思想政治教育评估指标与指标体系的特征

高校思想政治教育评估指标与指标体系的特征主要有以下四点。

（一）高校思想政治教育评估指标体系的制约性

指标体系是由目标分解而构建形成的，因此它必然具有目标的制约性，而不具有目标的任意性或随意性。即不能把不是由目标所分解出来的任意一个特征或属性设立成评估的一项指标。

高校思想政治教育评估的指标与指标体系会受到评估目标的制约，这也是指标体系与评估目标之间存在的基本关系。这一关系还可以从局部与全局的角度来描述，就是说指标体系的某一项特定指标以及某一特定指标集只能反映目标的局部情况而不能反映目标的整体情况，只有整体的指标体系才能反映整体的目标。因此，在某一项特定指标和某一项特定指标集上评估得到的结果，还不能反映评估客体在整体上达到目标的程度，只有综合整体的评估指标体系中各个指标评估的结果，才能有效且完整地反映高校思想政治教育活动及其效果的社会价值。

因此，高校思想政治教育评估的主体要注意考察评估客体在思想政治教育活动的总体上实现高校思想政治教育目标的程度，不能仅仅抓住某一项或其中几项简单的指标，就轻易且狭隘地对评估客体进行的活动及其效果的教育价值和社会价值作判断。同时，对评估客体的高校思想政治教育活动进行评估时，要根据客观条件的差异和评估指标的不同，以对实现教育目标贡献

的大小，分辨轻重缓急、抓住主要矛盾，不能面面俱到地平均投入，更不能把精力仅仅局限于某一项特定指标上。

（二）高校思想政治教育评估末级指标的可测性

高校思想政治教育评估的末级指标需要满足可测性的基本条件，即所评估指标需要能够通过一定的定性和定量的方法进行合理的测量，以客观展现相关的测评结果。这种可测性要求是由实际评估工作的基本需要决定的，如果末级指标不能直接测试，就无法用它来搜集原始数据、资料等信息，评估工作也就无法推进。因此，不能直接测试的指标就不能作为末级指标，还应继续分解，直至形成可以直接测试的指标为止。例如，对受教育者的思想品德素质状况这个一级指标，就无法简单直接地进行定性或定量的测试，因此其不能作为评估的末级指标，还应进一步分解为政治表现、道德修养和遵纪守法情况等二级指标。在此基础上进一步考察所形成的二级指标，如果它们仍然不具备直接测试的可行性，还需要继续分解，直至具有直接可测性为止。例如，政治表现可以分解为在行动上对党和国家方针、政策的支持，在突发政治事件上的立场，等等。道德修养可以分解为对社会规范、公民道德等方面在行动上的遵守等，这些都是可以直接量化和测试的三级指标。

指标体系的分级不宜过少，但也不宜过多，一般以3—5级为宜。过少则难以全面、细致、准确地反映目标；过多则会使指标体系的结构过于复杂、烦琐，使得实行的工作量过大，不利于评估活动的开展。

（三）高校思想政治教育评估指标体系的客观尺度性

高校思想政治教育评估指标应该具有一定的客观尺度性，即所选取的指标必须在一定程度上可以通过客观尺度表示，这就要求评估指标和对应的评估体系能够反映参与高校思想政治教育评估所有客体的共同属性，而非只反映个别客体的特殊属性。缺失了共同的、客观的尺度，也就无法判断所有评估客体的价值。因此，评估指标和评估体系只有具有确定的、客观的评价尺度，才能在不同评估客体之间，以相同的客观尺度进行科学的比较，并确定其评估价值的高低。

(四)高校思想政治教育评估指标体系的动态性

社会政治、经济、文化的不断发展使高校思想政治教育活动的要求也随之变化,进而造成了高校思想政治教育价值判断标准的不断变化。同时,社会的进步和高新技术的发展也为高校思想政治教育评估指标体系的发展提供了新的可能性与可行性。此外,随着人们认识水平的提高与认识手段的不断进步,对高校思想政治教育的特征、层次及其可测性的认识也在不断推陈出新。因此,作为教育价值判断基础的高校思想政治教育评估指标体系也不能一成不变,而应该随着高校思想政治教育理论的发展和社会对其要求的发展而不断改进、不断变化。

四、高校思想政治教育评估指标体系设计的要求

高校思想政治教育评估指标体系的设计不仅需要符合高校思想政治教育评估的目标和流程,还必须遵循科学性与应用性的要求。

(一)高校思想政治教育评估指标体系设计的科学性要求

高校思想政治教育评估是一项科学的实践的活动,它的指标体系设计要达到如下科学要求,才能有效地对高校思想政治教育活动进行评估。

其一,每项指标及形成的指标体系必须能够有效地反映相对应的高校思想政治教育目标的特殊性质。否则,该指标就是无意义的,而将这种无效指标纳入高校思想政治教育评估指标体系会降低整个指标体系的设计有效性。

其二,每项指标及形成的指标体系必须具有较强的区分度。也就是说,指标应该能够有效区分高校思想政治教育在对不同教育目标评估时的结果差异。如果所有教育目标的结果均在某项指标上获得同样的或相近的量化结果,说明指标体系的设计是不成功的。

其三,每项指标应尽可能准确地描述高校思想政治教育的目标成果及其价值的主要特征。同时,所形成的指标体系的结构应尽量完整地反映目标成果价值的结构特征。

其四,指标体系应该是各项指标有机联系的集合。在指标体系中,每项指标应该具有从某一侧面反映同类指标共同描述的目标成果特征。同时,这些指标之间还应有一定程度的相互独立性,要避免重复。

(二)高校思想政治教育评估指标设计的应用性要求

高校思想政治教育评估是一项具有很强的实践操作性的工作,因此,在进行指标体系的设计时,要时刻把握有利于评估主体操作、应用的要求。

其一,评估指标要有较高的清晰度。高校思想政治教育评估的每一项指标都应该很清晰地表述或描述评估客体在某一方面的特殊性质,要尽可能达到能够使评估人员在评估操作时不产生理解歧义与语义模糊的效果。否则,设计的评估指标就不具备评估最基本的可行性和易用性。

其二,高校思想政治教育评估指标的设计要在最大程度上符合被评估领域的语言与叙述方式规范。评估人员一般都是被评估领域的专业人士,都具备一定研究领域的专业知识与素养,以及不同的实践经验与思维习惯。如果指标不能在最大程度上按照被评估领域规范的术语进行表达或描述,评估人员就有可能结合自己的实践经验与思维方式对指标重新进行自我定义,从而产生对同一指标的不同理解,进而使评估的整体效果产生偏移。

其三,高校思想政治教育评估指标体系的设计要尽量简短、精练。指标体系经过理论论证和技术处理之后,要尽可能简短、精练,便于评估人员在评估活动中使用、理解。如果指标的描述过于冗长,则容易导致评估人员找不到评估重点,从而在理解上产生偏差,影响评估效果。

五、高校思想政治教育指标体系的设计

在完成对高校思想政治教育评估体系的整体性分析,以及对指标及指标体系的分析的基础上,就可以开始进行高校思想政治教育评估指标体系的设计。高校思想政治教育评估指标体系的设计是一个动态的、连续的循环过程,评估指标体系在这种循环中进行不断改良和完善。

(一)确定最终目标

高校思想政治教育评估的领导决策机构决定了评估的最终目标,即零级指标,为指标的设计划定了范围,规定了方向。零级指标的设计虽不是直接由指标的设计人员进行操作,但是它直接决定了高校思想政治教育评估指标及指标体系设计的基础和方向。

(二)分解目标,确定分级指标

这一步骤是高校思想政治教育评估指标体系设计的核心,也是整个评估体系构建和评估后续运行的重点环节。通过分析高校思想政治教育评估目标所要表达的准确意图,明确高校思想政治教育评估目标的具体内容、体现途径和方式,根据评估指标和指标体系的特征与设计要求,对目标进行逐级分解,以完成各层级指标的设计,直至形成具有可行性和可测性的末级指标,最终形成初始的高校思想政治教育评估指标体系。

确定分级指标的方法,主要包括两个组成部分:一是在高校思想政治教育理论分析和评估实践分析的基础上进行提取,二是向相关领域的专家进行咨询。

高校思想政治教育评估在理论分析和评估实践分析的基础上提取出指标体系,主要包括三个方面:第一,剖析高校思想政治教育的理论分析方面。高校思想政治教育的理论研究成果是实施评估的理论基础,从相关的理论研究成果中可以深入剖析,进而提取出相应的评估指标。例如,高校思想政治教育各方面的基本要素、基本要求和基本规范等都可以提取出相对应的评估指标。第二,结合高校思想政治教育的评估实践方面。从高校思想政治教育评估的实践中,可以归纳、总结出对特定价值方向判断的倾向,这种倾向如果同时符合社会价值和社会需要,就可以从这种倾向中概括、提取出相应的评估指标。第三,借鉴已有的高校思想政治教育评估的研究。已有的评估指标研究相对丰富,在一定程度上直接提供了评估指标、理论依据和实践分析,在形成所需的高校思想政治教育评估指标体系时可以进行适当的借鉴。在上述基础上,高校思想政治教育评估的指标设计人员就可以设计出符合评估目标的各层级指标和结构,形成初步的评估指标和评估体系。但这并不意味着高校思想政治教育评估指标体系设计的完成。需要说明的是,在初步形成的指标体系中必须有每项指标的重要程度这一项具体参数,从而为不同指标权重的确定提供依据。

专家咨询就是针对指标设计的具体问题,对相关领域的专家进行有目的性的访谈和咨询,利用特尔斐法对相关意见进行筛选、提炼、修改并最终确定指标,并形成完整的指标体系。特尔斐法在本书后续对评估方法体系的介绍章节中有具体的介绍,在此只论述其在评估指标体系设计中的运用。在初步形成评估指标体系的基础上,采用特尔斐法进行指标设计的步骤是:第一,对相关问题进行整理分类,并对相关领域的专家进行筛选,同时设计用于专家咨询的、针对指标体系设计的问卷。第二,就形成的指标体系初稿向所选定的专家进行初次的问卷咨询。第三,根据问卷咨询的结果,对指标体系进行进一步修改,形成指标体系设计的第二个版本,并针对修改后的第二个版本设计用于第二轮专家咨询的问卷。第四,将第一轮咨询结果、修改后的指标体系及第二版问卷反馈给相关专家,进行第二轮咨询。第五,根据咨询结果,再次优化、修改指标体系,形成第三个版本的指标体系,并设计用于第三轮专家咨询的问卷。第六,将第二轮咨询结果、修改后的指标体系及第三版问卷反馈给相关专家,进行第三轮咨询。第七,根据咨询结果,进一步完善和修改,形成第四个版本的指标体系。一般来说,经过三轮的专家咨询,第四个版本的指标体系在科学性、实用性和可操作性方面都达到了较高的水平。但也不能简单地把形成的第四个版本作为最终的确定性版本。最终使用的确定性指标体系还需要进行详尽的测试、评估、修订和完善,通过最终的评估实验后,才能形成最终使用的指标体系版本。

(三)编制评估指标体系的表格

编制完善的评估指标体系表格并不是简单地对评估指标进行罗列,而是编制出具有完善的、系统的评估指标的表格群。这也是发放给评估人员和寄发给评估专家进行评估的重要工具。为了编制科学合理的评估指标体系表格，需要对所形成的指标体系进行详尽的分析，确定各个指标与其集合的内容，对部分重要指标进行分类说明。一般来说，同一类指标的集合可以构成一个表格，表格中包括了这个类别集合中的末级指标。如果分级较多，也可以由多个表格构成一个指标集合。设计案例见附录三。

（四）选择权重的确定方法

权重是显示特定指标在整体评估系统中相对重要程度的参数，它体现了各项指标对系统总体、指标对分类目标，以及指标之间相互关系的重要程度。在社会科学的研究中，权重的确定方法很多，主要运用特尔斐法、层次分析法和主观经验法。这三种方法具有各自的适应场景和优缺点，本书将在后续评估方法体系中具体介绍相关的具体做法。

那么，如何确定各个评估的权重参数？确定权重的依据是什么？在对指标体系初稿的设计咨询中，综合搜集到的咨询专家对每一项指标重要程度的参数意见，一定程度上就是权重确定的权威依据，评估操作系统的指标设计人员在这些反馈意见和参数的基础上，运用一定的数理统计方法进行分析，确定各项指标的权重。有部分研究评估方法的学者认为，通过咨询专家的方式，在指标体系草案的设计中，由于专家个人的知识结构与实践经验存在差异，必然会对某一部分指标存在偏重，导致所提供的参数具有一定的专家个人意愿和评估目标的偏移。但本书认为，在综合多位专家意见和先后多次反馈的修改中，无论是个人因素导致的偏差还是所处时间、环境不同所造成的目标偏差，已经减小到较小程度，整体偏差属于可以接受的范围。在专家咨询过程中的多次反馈都是将全体专家的修改意见由设计人员通过匿名方式反馈给每一位专家，所咨询专家参照众多专家的意见，一般会作出客观、科学的判断。

1. 根据评估的类型与评估对象的特性，选择评估方法

评估方法的选择、确定一般是由评估操作人员根据评估的类型与评估对象的特性来进行的，这一步骤需要遵循定性与定量有机结合的原则。评估方法的选择涉及后续计算机评估软件的编制，对高校思想政治教育评估的整体

实施具有十分重要的意义。评估方法选择错误,必然会导致相关评估软件和方法的重新编制,造成极大的人力物力和成本损失。因此,对评估方法的选择需要慎重。具体的评估方法包括定性方法和定量方法,不同的方法所采取的步骤也不尽相同,本书按照先定量后定性的方法进行阐述。

2.编制评估软件,完成软件调试

根据改进和完善后的指标体系进行计算机软件的系统设计,并在此基础上完成软件的编制与调试。软件的编制要注重操作的简易性和可操作性,要设计成面向尽可能多对象的简单、易用的可调试型软件,就是说在评估专业方法确定的情况下,如果出现评估目标变化的情况导致评估指标有所变动,软件只需要改动程序中相应的简单参数即可,而不需要重新设计整个软件。

3.评估指标体系的测试实验及软件程序的验收

这一阶段的主要任务是检查以上各步骤指标体系设计的科学性和可行性。由设计人员尽量编写几套评估数据进行简要测试,这些数据要能代表评估中可能出现的极端情况与一般情况,通过模拟评估发现问题,对发现的问题步骤进行分析,并返回该步骤对指标体系进行进一步修正,修正之后按正常步骤重新进行完整测试,直至所编写数据完全通过实验。

4.完善评估指标体系

在步骤3的基础上,对评估指标体系进行最后的完善,将前述步骤所形成的评估指标体系和测试的评估结果进行整理,形成一套完整、清晰的高校思想政治教育评估指标体系设计和测试报告,报送高校思想政治教育评估决策领导小组。

至此,高校思想政治教育评估指标体系的设计基本完成。

第五节 高校思想政治教育评估方法体系的构建

高校思想政治教育活动开展的复杂性,以及高校思想政治教育评估的多目标和多阶段性,决定了高校思想政治教育评估方法的多样性和整体性。纵观对思想政治教育评估方法的研究,仅针对高校师生道德品质的评估方法就有近百种之多,这就要求我们从高校思想政治教育评估的实际出发,对现有的评估方法加以分析、凝练和选择,研究、建立适应新时代要求的高校思想政治教育的评估方法和评估体系,运用到高校思想政治教育评估的实践中来,进而保障高校思想政治教育评估活动的科学性和可行性。

一、高校思想政治教育评估的方法体系层次结构

高校思想政治教育评估的方法是指为了达到高校思想政治教育评估的某种特定目的,根据确定的高校思想政治教育评估原则所选定的有利于充分调动各类评估力量,开展协调工作的一整套活动和操作的有效工具。具体来说,即搜集、整理、优化高校思想政治教育评估信息资料的知识和经验,以及计划、组织、开展高校思想政治教育评估实施活动的技能和手段。因此,为了充分满足高校思想政治教育评估实践的需要,既要从方法论的高度构建高校思想政治教育评估的方法体系,又要从具体的评估实践出发,遴选多种详细的评估实施方法,构建开展高校思想政治教育评估的方法体系。

高校思想政治教育评估方法体系的层次结构主要由高校思想政治教育评估方法论所统领下的多层次子系统组成。高校思想政治教育评估方法体系的最高层次是高校思想政治教育评估的方法论，它是以马克思主义哲学为指引的、抽象的指导，通过融入具体的管理方法系统与操作方法系统对高校思想政治教育评估进行指导。第二层次由高校思想政治教育评估管理方法系统与评估操作方法系统构成。其中评估管理方法系统，由第三层次的计划管理方法子系统、组织管理方法子系统、调控管理方法子系统与反馈管理方法子系统构成，包括了诸多具体的管理方法；评估操作方法系统，由第三层次的信息系统方法子系统与评估专业方法子系统构成。信息系统方法子系统由第四层次的信息搜集方法子系统与信息整理方法子系统构成，包括了诸多信息技术具体方法；评估专业方法子系统由第四层次的权重确定方法子系统、定性评估方法子系统与定量评估方法子系统构成。

高校思想政治教育评估的方法虽可以不论其具体内容如何而进行抽象的认识，但是在进行评估的具体运用时必须结合一定的实际的评估内容。针对不同的评估内容，选择相对应的评估方法和评估技术，将它们有机整合以达到高校思想政治教育评估工作的最佳目标。各种科学的方法、技术本身并无好坏优劣之分，选择的原则主要在于方法、技术对认识高校思想政治教育评估现象时的适用程度。评估者要在高校思想政治教育评估方法论的指导下，着力于构建适用且高效的实用方法、技术系统，根据以往的经验与教训，针对不同的情况整合不同的方法、技术子系统，编制不同的高校思想政治教育评估的方法体系。总之，在高校思想政治教育评估活动中，要根据每次特定的评估目标、内容、要求、对象，以及评估力量、实施条件等诸多因素，在众多的评估方法中选择最适合的方法与技术合理配置，从而构成一个高效适用的方法体系。在评估实施过程中，要根据评估情况的变化，不断调整评估方法体系，以便达到最佳评估目标。

二、高校思想政治教育评估的管理方法系统

高校思想政治教育评估管理方法系统是评估活动中重要的组成部分，其主要包括以下几个部分。

（一）高校思想政治教育评估的计划管理方法子系统

计划管理方法子系统是评估设计或实施规划的诸多方法的集合。从本质上讲，它是对评估目标和任务提供的一种合理的实现方法。

1.整体性计划管理方法

整体性计划管理方法是指应用于整体性评估体系，为评估体系的设计及实施进行总体性目标规划的方法。整体性计划管理方法具有长期性和整体性。长期性是指它涉及整个评估体系的构建与实施的全部过程和周期。整体性是指它是基于完整的评估体系而制定的，强调各个评估子系统的均衡和协调。整体性计划管理方法主要指出评估整体计划的重点，不对各个评估子系统的具体评估细则进行限制。

2.节点式计划管理方法

节点式计划管理方法是指各评估子系统会根据整体性计划的要求，对本系统内的评估项目进行规划的方法。它的具体做法是：绘制一个二维坐标，横轴代表计划时间，纵轴代表计划内容，每一项内容由纵轴横向绘制，起点为计划开始时间，末端为计划完成时间，每一个时间点与应该完成的计划任务一一对应。这样就可以较好地完成对计划执行的动态监控。

（二）高校思想政治教育评估的组织管理方法子系统

组织管理方法子系统是根据评估的具体实施情况，运用指令、规定或其他形式，按照正常的组织系统和层次，对评估设计和实施进行管理的方法集合。

组织管理方法一方面包括对来自评估领导决策机构下达的命令、指示的执行，另一方面也包括对来自具体设计、实施子系统的组织要求的处理。例

如，评估领导决策机构下达的关于评估计划调整的指示，评估实施过程中专家的聘请、评估问卷的搜集整理等都是组织管理方法的运用。

正确地运用组织管理方法，是评估体系顺利构建与正常运行的基础。首先，组织管理者必须充分认识到组织管理方法的本质是服务，服务是组织管理方法的根本目的。其次，组织管理方法的管理效果会受到管理者素质水平的较大影响。最后，信息的运用在组织管理方法中是至关重要的。组织管理者要及时搜集组织内外的有用信息，把评估领导决策机构与具体负责评估运行的组织有效地连接起来。只有组织管理方法的作用得到有效发挥，评估工作才能有组织、有计划地运行。

（三）高校思想政治教育评估的调控管理方法子系统

调控管理方法子系统是指在高校思想政治教育评估的实施过程中，根据评估中不断反馈的信息，采取相应的措施，增强评估效果的方法集合。

1. 目标调控方法

目标调控方法是指因某种特殊原因，在原定的评估目标和计划发生变化后，对原有目标进行矫正或补充的方法。这种调控在一定程度上会影响整个评估体系的变动，是对评估体系设计、实施方向的调整与控制。

2. 手段调控方法

手段调控方法是指对评估内容、方法、制度或组织人员等方面的调控方法。它既包括软手段的调控，如评估内容、制度的调控；也包括硬手段的调控，如组织人员、评估方法的调控等。手段调控方法是为评估目标而服务的，要符合评估目标的要求，也是为了实现评估目标而进行的必要调控。

（四）高校思想政治教育评估的信息反馈管理方法子系统

信息反馈管理方法子系统是依据高校思想政治教育评估系统运行的特定要求，服从并服务于高校思想政治教育评估信息反馈的目的和要求，与高校思想政治教育评估科学化相适应的多种信息反馈方式、渠道和手段所形成的方法集合。

1.报告式反馈

报告式反馈是指高校思想政治教育评估系统内各级子系统主动向上级或评估领导决策机构全面反馈评估设计、实施等有关信息的方法。这种反馈方法涉及的信息较广,形式主要以书面为主,内容一般包含数据、事例、分析、解决问题的建议和措施等。这种反馈方式所反馈的信息相对全面,便于领导决策机构全面掌握相关情况,及时修改和调整评估方向。

2.检查式反馈

检查式反馈具有一定的随机性,它是选择部分子系统进行检查以了解高校思想政治教育评估在各个子系统的具体实施情况,并将检查信息的结论反馈到整个系统的方法。这种反馈的作用主要是能够从整个评估系统的角度及时了解各个子系统在评估中存在的问题,并对照问题进一步找出相关联的整体系统中存在的隐患,进而对隐患进行及时消除。

3.调整式反馈

这种反馈方式是在评估设计和实施中,由专业性信息所产生的反馈。它是指在评估体系设计与评估实施过程中,各子系统通过自我检查或因在运行中发现了问题,需要进行某些调整而上传相关信息,并得到解决信息返回的方法。这种反馈方法以书面形式为主。例如,评估体系的设计中,需要进行设计人员的调整,向评估管理人员传递信息后,由评估管理人员进行人员调配,并返回调配信息。再如,评估实施过程中,由于某种原因而需要延迟某一评估环节时,要向管理组织传递信息,修改计划,并返回调整结果。

三、高校思想政治教育评估的操作方法系统

高校思想政治教育评估的操作方法系统是评估活动中具体实践的方法集合,它主要包括以下几个部分。

(一)高校思想政治教育评估信息系统方法子系统

高校思想政治教育评估信息系统方法子系统,是指能够真实反映高校思

想政治教育评估客体有关的一切量化及非量化信息资料的方法集合。高校思想政治教育评估信息可以根据评估信息载体属性的不同和评估信息表现形式的不同,分为直接信息和间接信息两大类别。直接信息的载体主要是高校思想政治教育活动中的人或物,通过对他们的系统调查和考察,就可以较为直接地获得关于评估客体的结构、形态、变化等现象与事实,也就是搜集到的反映评估客体本质特征的即时信息。间接信息的载体主要是文字、影音或图像等文献资料。评估人员需要分析这些文献资料才能搜集到相关的评估信息。

高校思想政治教育评估信息系统方法包括评估信息搜集方法与评估信息整理方法两个部分。高校思想政治教育评估信息系统方法子系统结构图如图4-2。

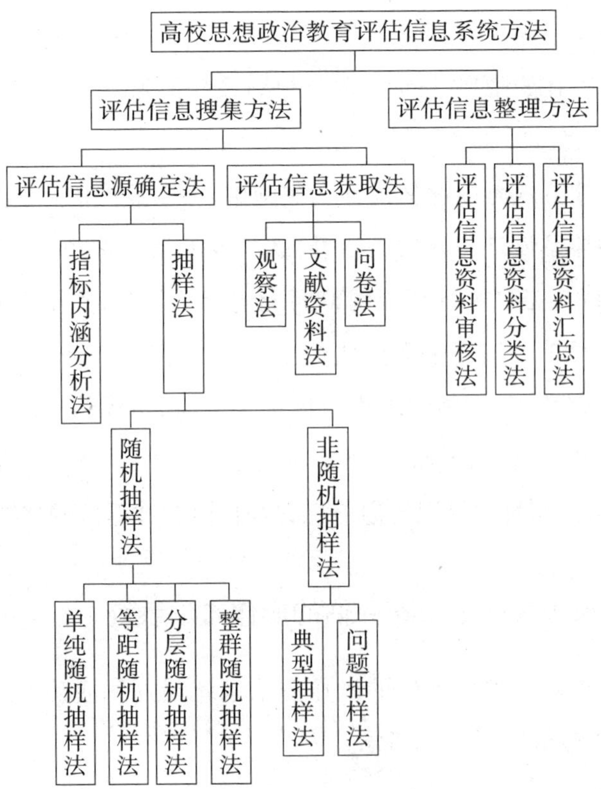

图4-2　高校思想政治教育评估信息系统方法子系统结构图

1.评估信息搜集方法

高校思想政治教育评估是依据指标体系设计的目的,搜集最能客观反映评估客体性状本质的信息，并以此进行价值判断的过程。因此，高校思想政治教育评估能否全面、客观、真实、准确地进行信息搜集，将直接影响到最终评估的结果。评估信息搜集方法包括评估信息源确定法与评估信息获取法。

(1)评估信息源确定法。所谓信息源就是信息载体，但不同的信息源产生和传播的信息不尽相同。因此，在进行评估信息的搜集时，信息搜集系统人员要首先研究、分析和确定信息源。只有准确选择最能反映评估客体特征的信息源，再选择和设计相对应的信息搜集方法，才能保证最终所获取信息的准确性。评估信息源确定法主要有指标内涵分析法和抽样法。

①指标内涵分析法。所谓指标内涵分析法，是指评估人员从指标体系的整体结构出发，通过指标分解和信息源比较，确定信息源范围的方法。这种方法主要适用于大中型高校思想政治教育评估活动，评估人员首先运用指标内涵分析法确定信息源的范围，之后才进行评估信息搜集对象的确定与获取。对小型高校的思想政治教育评估，由于信息源的范围相对较小，可以全范围搜集评估信息。

指标内涵分析法的具体操作步骤是：

第一步，分析评估指标内涵，确定每项指标所包含的评估要素。

第二步，对照评估要素的内涵标准，对相应的评估客体进行考察，对各种信息源进行比较。

第三步，选择最能表示评估客体特性的信息源。

第四步，确定搜集评估信息的范围。

②抽样法。对于大中型高校的思想政治教育评估，当对需要考察的评估客体不可能作全面了解时，应该适当采用抽样的方法确定信息源对象。抽样法主要包括随机抽样法和非随机抽样法。

a.随机抽样法。随机抽样法就是从评估信息源对象这个总体中按照随机的要求选取符合评估要求样本量的对象进行信息采集并分析的方法。它包括单纯随机抽样法、等距随机抽样法、分层随机抽样法与整群随机抽样法等。

单纯随机抽样法，又称简单随机抽样法，它是从评估信息源对象的总体中完全无规律地抽取调查个体的方法。

等距随机抽样法是把评估信息源对象总体中的所有个体按照一定的特征顺序进行排列,然后按照抽样比例将所有排序个体按固定间隔划分为群组并取样的方法。它具有分布均匀、代表性强的优点。

分层随机抽样法是把评估信息源对象总体中的个体,按照一定的性质分为不同的类型或层次,根据样本容量与总体数的比例,在各个类型或层次中随机或等距抽取样本的方法。

整群随机抽样法指将评估信息源对象总体划分为群组,每次抽取以群为单位的样本。它也可以与以上的方法综合使用。

b.非随机抽样法。非随机抽样法是带有特定目的而进行的抽样方法。它主要包括典型抽样法与问题抽样法。

(2)评估信息获取法。评估信息获取法是在明确信息采集对象之后,从信息采集对象处搜集信息的各种具体方法。它主要包括观察法、文献资料法与问卷法。

①观察法。所谓观察法是评估人员与评估信息采集对象进行直接接触,通过感官或借助一定的科学仪器,对其进行自然状态下或控制状态下的客观观察,以获取评估信息资料的方法。按照不同的标准,观察法可以分为参与性观察和非参与性观察,直接观察和非直接观察;定性观察和定量观察等类型。但无论哪一种观察法,它的步骤均具有一定的相似性。主要的观察活动可以概括为三步。

第一步,根据评估指标的要素和内涵设计观察项目表格,表格的内容应该包括评估的项目、评估的要点和评估的等级三个部分。以高校思想政治理论课的教育评估为例,观察项目表格内容应该包括需要进行评估的项目,如,教学目标、教学内容等;各个评估项目中包括若干个评估要点,如教学目标是否符合教学大纲的要求,教学任务量是否适度,知识深度是否足够,是否符合学生实际等;每一项要点要对应一个评估等级。

第二步,确定观察人员,根据计划安排与评估人员的素质要求,确定观察人员,一般应由相关领域的专业技术人员组成。

第三步,观察人员深入实际,开展实际观察并完成观察项目表格。

②文献资料法。文献资料法是通过对多渠道搜集的相关文献进行分析和研究，以获得评估客体的相关信息和资料的方法。文献资料法的步骤一般可以概括为四步。

第一步，根据评估指标的要素和内涵，明确评估客体相关文献的范围和方向。

第二步，按照文献资料的专业性和评估人员的匹配性确定文献的查阅、检索和记录人员。

第三步，调阅相关的文献资料并进行简单的搜集整理。

第四步，整理好相关文献的检索记录并进行归档，以供后续评估使用。

在使用文献资料法时，如需对文献、资料的价值和参考性进行评定，为了客观、公正地评出相应的等级或分数，应该在文献分析之前制定严谨、科学的评定标准，避免在查阅资料的过程中或者查阅资料后再进行标准的确定。

③问卷法。问卷法是指评估人员通过书信、表格等信息媒介，间接性了解评估客体的相关情况，从而获得评估信息资料的一种方法。问卷法在使用过程中应注意问题的阐述要简单易懂，尽可能避免极端的开放性问题和有一定引导性的、影响客观性的问题。同时需要注意问题的回答范围与问题的敏感度等。问卷法的步骤一般可以概括为四步。

第一步，根据评估指标的要素和内涵设计相应的问卷表格，说明问卷填写的目的及相应的填写要求。

第二步，根据评估设计确定的范围和确定的抽样方法所选取的对象发放表格。

第三步，信息源对象在工作人员的指导下按照要求填写问卷表格。

第四步，检查问卷是否填写完成和是否为有效问卷，并回收问卷表格。

2.评估信息整理方法

在高校思想政治教育评估信息搜集过程中，评估人员会获得大量的评估信息和评估资料。但这些评估信息和评估资料没有经过科学的、详细的、系统的加工和整理，还是相对分散的、零乱的、简陋的原始信息。这些信息不能直接作为定性分析和定量分析的原始数据，也不能作为判断和评估客体价值的客观依据。因此，评估人员要对获得的信息资料进行进一步的分析、整理，认真做好信息和资料的汇总、审核、分类等工作。高校思想政治教育评估信息的整理方法主要有评估信息资料审核法、评估信息资料分类法和评估信息资料汇总法。

(1)评估信息资料审核法。这是一个对信息资料“去伪存真，去粗取精”的加工过程。主要考虑以下四个方面的因素。

第一，审核信息资料的完备性。从高校思想政治教育评估指标体系的整体结构出发，对照指标要素和指标内涵所涉及的信息源范围和信息源对象，检查与之相对应的信息资料，检查是否存在遗漏、缺陷的情况。必要时采取相应的补救措施，进行信息资料的追加和补充。

第二，审核信息资料的真实性。搜集到的原始信息资料包含真实有效的信息、部分有效的信息和完全无效的信息。因此，评估必须以指标的内涵和标准为基础，以事实存在和实际情况为依据，运用一定的逻辑和方法，从信息源的确定、信息搜集的方法与技术，信息提供人的个人倾向与动机及资料本身等方面去辨别真伪，过滤掉其中的无效信息。

第三，审核信息资料的准确性。对同一信息对象提供的信息进行一致性、稳定性等方面的测试，以考察信息的信度，确保信息资料在整体评估系统中运行的有效性。

第四，审核信息资料的有用性。在高校思想政治教育评估中，真实而准确的信息并不一定就是有用的信息。因此，要根据评估指标要素的内涵和标准，运用系统分析方法和数理统计原理进一步对搜集的信息资料进行加工，从完备、真实、准确的信息资料中寻求最能表示评估客体特征的有用信息。

(2)评估信息资料分类法。通过汇总和审核的信息资料仍然是无序排列的，要根据信息资料的来源、内容和形式上的异同，将其按照一定的、符合评估内涵和标准的规律进行划分，使之形成整体化、系统化、规范化的分层分类有序信息。

(3)评估信息资料汇总法。评估信息资料汇总法，是指把经过审核、分类的信息资料进行统一处理，以获得能够总体反映评估客体的汇总信息。信息资料的汇总需要编制大量根据评估的需要而制作的关联图形、图表等,由于评估客体的差异性,评估信息资料的汇总没有统一的格式。

(二)高校思想政治教育评估专业方法子系统

高校思想政治教育评估专业方法子系统,是指在实施高校思想政治教育评估的过程中,为实现思想政治教育评估目标所采用的调查方法、数据处理方法、分析方法等方法的集合。由于相关方法较多,在此仅对本书中所采用的部分方法作介绍。

1.权重确定方法

权重的相关概念和介绍在“高校思想政治教育指标体系的设计”章节中有具体论述,在此主要介绍权重确定的方法。本书在多种权重确定的方法中,根据高校思想政治教育的学科特点,选取特尔斐法、层次分析法和主观经验法这三种比较适合于高校思想政治教育评估的方法。权重确定的方法在很多图书中有详尽的介绍,限于篇幅与研究重点,本书不对每一种方法的具体数学推导过程进行详细介绍,仅从概念角度结合高校思想政治教育评估的开展进行阐述,下面就这三种方法进行介绍。

(1)特尔斐法。特尔斐法是请若干相关领域的专家,利用函调或其他方法,背靠背、点对点地进行咨询,根据咨询专家多次返回的意见确定权重的方法。这种方法的优点是可以避免由个体的权威、职务、职称、社会能力以及从众心理对确定权重的干扰,有利于集中大多数人的正确意见。这种方法具体的咨询方法很多,针对高校思想政治教育评估,可以分为以下几步。

第一步,设计指标体系咨询表格。

第二步,聘请专家。

第三步,寄发咨询表格,并按时收回。

第四步,反复循环第三步,直至专家意见基本统一。需要注意的是,每次循环需要将所有专家的反馈意见不署名地寄发给每一位专家作为参考。

高校思想政治教育评估不仅可以在权重的确定中运用这种方法,在评估指标体系的确定中也可以使用这种方法。在必要情况下,可以将指标体系的咨询与权重的咨询统一在一起进行。

(2)层次分析法。层次分析法是由美国学者T.L.斯塔首先引入教育评价领域以解决权重系数的确定问题。这是一种多目标、多标准的决策方法。运用层次分析法时,首先把复杂的评估目标分解为多级指标,在同一层次上根据相对重要性等级表进行两两比较,列出对应的比较矩阵,并按照确定的数学公式计算每项指标的相对优先权重。

层次分析法把专家的经验认识与理性分析结合起来,大大降低了两两比较中的不确定因素的影响程度,是比较理想的权重确定方法。但其也存在一定的不便,相较特尔斐法,层次分析法更加复杂,会在一定程度上增加高校思想政治教育评估的成本与周期。

(3)主观经验法。主观经验法是指在评估人员对某一评估客体非常熟悉而有把握的情况下,可以直接通过主观经验来确定权重系数。但要注意以下几个原则:

第一,权重分配的合理性。即权重分配要反映评估客体的内部结构和规律,防止因权重分配不当而脱离实际或产生偏向。

第二,权重分配的变通性。即权重分配要符合客观实际的需要,可以根据评估目的与具体要求而适当调整分配。

第三,权重数值的模糊性。即对权重的分配不必十分精确,过度要求精确只会降低评估的可操作性。

第四,权重数值的归一性。即各个评估指标的权重之和为100%。

综合分析以上三种权重系数的确定方法,本书认为,高校思想政治教育评估,特别是大中型高校的思想政治教育评估,以使用特尔斐法为宜;中小型高校思想政治教育评估则可以使用层次分析法或主观经验法确定权重系数。总之,权重系数的确定方法很多,本书仅选取几个适合高校思想政治教育评估的方法进行介绍。权重系数最终还是要根据高校思想政治教育评估的实际来确定,只有这样才能确保评估工作的准确性。

2.定性评估方法

定性评估方法是对评估客体的性质进行分析和综合,最后给出结论性评语的方法。这种方法最初在高校思想政治教育评估活动中被普遍使用。近年来,虽然高校思想政治教育开始强调定量的评估概念,形成了定性和定量相结合的评估方法,但高校思想政治教育的学科性质决定了高校思想政治教育中包含有很多非量化的因素,定性评估方法仍然具有一定的作用。本书认为,大中型高校思想政治教育评估适合运用定性定量结合的评估方法,而部分小型的、不易量化的评估活动则更适合运用定性评估方法。需要说明的是,定性评估也需要搜集大量评估客体的信息资料及数据,区别在于评估的过程和最后的评估结果多是定性的文字鉴定、等级或评语,而不是定量的具体的描述。

采用定性评估方法要注意以下几点要求:首先,反映评估客体实际的评估指标要有一定的说服力和可信度,这样才能使定性评估的评语或鉴定具有认可性。其次,评估的过程要尽可能客观,避免评估者带有任何的个人亲疏和感情色彩。再次,必须了解评估客体的全面情况,评估的调查过程既要真实,又要全面。最后,评估的结论要用词准确,恰如其分地肯定成绩,又要指出缺点和不足。

在高校思想政治教育评估中关于定性评估方法的使用,主要有以下几种。

第一,对受教育者的定性评估。对受教育者的定性评估在中小学校、企业等单位被广泛使用。如中小学生的期末评语、企业中对职工的各种鉴定等。

第二,对单位、组织的定性评估。这种方法也可以称为专家集体评议法,指主管领导和有关专家(包括职能部门的专职政工人员)深入单位、组织,通过听取汇报、实地考察及讨论分析,多维度比较后对被评估单位、组织提出评估鉴定的方法。这种方法并不对单位、组织的各类成果、效果或教育条件进行精确量化的计算,而只是利用这些数据认识情况,根据自己的经验提出评估意见,从而肯定成绩,找出不足,明确方向,进一步提高单位、组织的工作水平。

3.定性定量结合的评估方法

定量评估法是指运用一定的数学方法和数理模型来研究、分析和描述客观世界的事物及其变化的方法。但是定量分析不能简单认为就是数学模型的研究方法。根据高校思想政治教育的学科特点，一方面，纯粹地运用定量评估方法的评估范围是比较小的，多数情况下需要先通过定量评估的方法客观、准确地认识评估客体，明确其在定量评估方面的真实情况，从而为定性评估打好基础做好准备。另一方面，高校思想政治教育评估不同于其他评估，它包含了人的复杂思想活动，特别是受教育者的思想品德等内在素质，具有一定的复杂性和不可预测性，很难精确量化。并且在某些情况下行为并非思想的真实体现。因此，高校思想政治教育评估不能追求纯粹的量化评估方法，而应考虑使用定性与定量有机结合的评估方法。

高校思想政治教育定性定量评估方法就是以定量评估方法为认识、分析手段，以定性评估方法提出结论的科学评估方法。这一方法要坚持综合—分析—综合的评估过程。具体来说，就是在初步评估时了解情况、查看评估信息资料，形成对评估客体的第一印象，即定性的初步综合阶段，然后根据信息资料进行深入的定量评估，即对搜集的信息资料利用一定的数学方法进行整理加工，最后在这种定量评估的基础上开展定性评估，即完成最终的鉴定。

根据高校思想政治教育的特点，通过分析众多定量评估方法，本书在定量分析的部分选择了系统统计模型法与模糊数学综合评估法。

(1)系统统计模型法。在系统论中，为寻求具有随机特征的系统机制和规律，常常采用系统统计模型法。

系统统计模型法是在搜集、整理、分析、统计大量观测数据的基础上，通过对系统的若干项目的描述评价，综合对系统整体作出科学推断的方法。它常用来判断一个系统性能的好坏。

它的基本原理是：将一个系统拆分为n个子系统，将每个子系统的性能数量化为$a_1,a_2,\cdots,a_n$，每个子系统在整个系统中的“重要性”数量化为$p_1,p_2,\cdots,p_n$，则根据概率论中数学期望的含义可知，这个系统性能的综合评判为$\sum_{i=1}^{n}a_i p_i$。

通过以上分析与论述，下面着重介绍统计模型法在高校思想政治教育评估中的运用。

为了清楚地说明统计模型法，这里假定以某高校思想政治教育效果为评估客体进行评估，假设在评估的前期评估指标体系已经设计完成，且专家对指标的打分，权重系数的确立等系列工作都已经完成。

以下表格是根据评估专家返回的按照评估指标进行分类集合的汇总评估指标表，假设表中已经将所有评估专家的打分填入。

表4-1 政治表现评估指标表

序号(i)	评估指标	权重系数d_{1i}	评估判断值x_{1ji}(共j位专家)			
1	对“四个意识”“四个自信”“两个维护”的态度	d_{11}	x_{111}	x_{112}	…	x_{11i}
2	符合社会主义要求的政治观	d_{12}	…	…	…	…
3	对党的方针路线和政策的态度	d_{13}	…	…	…	…
4	对党组织的建设与发展状况的看法和态度	d_{14}	…	…	…	…
…	…	…	…	…	…	…
i	对国际国内形势的看法和态度	d_{1i}	x_{1j1}	…	…	x_{1ji}
合计		$\sum_{n=1}^{i} d_{1i}$	$\sum_{i=1}^{i} d_{1i} \cdot x_{1ji}$			

表4-2 思想水平评估指标表

序号(i)	评估指标	权重系数d_{2i}	评估判断值x_{2ji}(共j位专家)			
1	马列主义理论课平均成绩	d_{21}	x_{211}	x_{212}	…	x_{21i}
2	思想品德课平均成绩	d_{22}	…	…	…	…
…	…	…	…	…	…	…
i	对各种错误思潮的识别、抵制能力	d_{2i}	x_{2j1}	…	…	x_{2ji}
合计		$\sum_{n=1}^{i} d_{2i}$	$\sum_{i=1}^{i} d_{2i} \cdot x_{2ji}$			

表4-3 学习态度评估指标表

序号(i)	评估指标	权重系数d_{3i}	评估判断值x_{3ji}(共j位专家)			
1	专业理想	d_{31}	x_{311}	x_{312}	…	x_{31i}
2	学习目的和事业心	d_{32}	…	…	…	…
3	学习态度和学习风气	d_{33}	…	…	…	…
…	…	…	…	…	…	…
i	创造精神	d_{3i}	x_{3j1}	…	…	x_{3ji}
合计		$\sum_{n=1}^{i} d_{3i}$	$\sum_{i=1}^{i} d_{3i} \cdot x_{3ji}$			

表4-4 道德品质评估指标表

序号(i)	评估指标	权重系数d_{4i}	评估判断值x_{4ji}(共j位专家)			
1	爱国主义精神和历史责任感	d_{41}	x_{411}	x_{412}	…	x_{41i}
2	集体主义精神、关心他人和集体荣誉感	d_{42}	…	…	…	…
3	遵守《新时代公民道德建设实施纲要》的要求	d_{43}	…	…	…	…
…	…	…	…	…	…	…
i	恋爱观和恋爱道德	d_{4i}	x_{4j1}	…	…	x_{4ji}
合计		$\sum_{n=1}^{i} d_{4i}$	$\sum_{i=1}^{i} d_{4i} \cdot x_{4ji}$			

以上各表中：i表示各评估指标序号；j表示共有j位评估专家。$d_{1i}, d_{2i}, d_{3i}, d_{4i}$分别表示在表1、表2、表3、表4中对应第$i$项评估指标的权重系数。

x_{1ji}表示第j位专家对被评估客体表1中第i项评估指标的判断值；

x_{2ji}表示第j位专家对被评估客体表2中第i项评估指标的判断值；

x_{3ji}表示第j位专家对被评估客体表3中第i项评估指标的判断值；

x_{4ji}表示第j位专家对被评估客体表4中第i项评估指标的判断值。

假设权集$d_{1i}, d_{2i}, d_{3i}, d_{4i}$已经确定。具体数学计算过程为：

$$p_1 = \frac{1}{j} \sum_{j=1}^{j} \left(\sum_{i=1}^{i} d_{1i} \cdot x_{1ji} \right)$$

$$p_2 = \frac{1}{j} \sum_{j=1}^{j} \left(\sum_{i=1}^{i} d_{2i} \cdot x_{2ji} \right)$$

$$p_3 = \frac{1}{j}\sum_{j=1}^{j}\left(\sum_{i=1}^{i} d_{3i} \cdot x_{3ji}\right)$$

$$p_4 = \frac{1}{j}\sum_{j=1}^{j}\left(\sum_{i=1}^{i} d_{4i} \cdot x_{4ji}\right)$$

于是被评估客体的综合评分为：

$$p = p_1 + p_2 + p_3 + p_4$$

通过对不同评估客体的综合评分比较，即可以对评估客体的定性评价给出一定的参考建议。

(2)模糊数学综合评估法。模糊数学综合评估法是二次量化的形式。所谓二次量化，是指整个评估过程要分两次计量才能完成。二次量化的对象一般没有明显的数量关系，但具有质量或程度上存在差异的因素特征。例如，当模糊数学综合评估法对思想政治教育人才进行评估时，需要首先对人才的各项评估因素分别进行等级评定，给出"优秀""良好""合格"等评定等级，完成第一次评估。然后，再进行第二次计量，即将"优秀""良好""合格"等等级赋予相应的量化分值，再通过一定比较，最终完成评估。

在评估指标得分已经确定的假设下，模糊数学综合评估法的第一步是进行第一次量化。当我们对高校思想政治教育效果进行评估时，假设：有k个评估客体；有s个进行评估的专家；有m项评估指标$u_j(j = 1, 2, \cdots, m)$；每个评估指标有n个按评估要求进行具体划分的评估等级$V_i(i = 1, 2, \cdots, n)$。如可以定为"优秀""良好""一般""较差"等。

邀请每个评估专家对评估客体进行评价。假设在评估客体k的评估指标u_j上，给予评估等级为V_i的专家人数为R_{ji}，则得到评估客体k的评估表格如表4-5。

表4-5　系统综合评估表

指标	等级					
	V_1	V_2	…	V_i	…	V_n
u_1	R_{11}	R_{12}	…	R_{1i}	…	R_{1n}
u_2	R_{21}	R_{22}	…	R_{2i}	…	R_{2n}
…	…	…	…	…	…	…

续表

指标	等级					
	V_1	V_2	…	V_i	…	V_n
u_j	R_{j1}	R_{j2}	…	R_{ji}	…	R_{jn}
…	…	…	…	…	…	…
u_m	R_{m1}	R_{m2}	…	R_{mi}	…	R_{mn}

在这个表格中每一个R_{ji}表示把评估客体k的第j项评估指标u评为等级V_i的评估者的专家数。将表中每个R值都除以专家人数s，得到的r_{ji}就是评估客体在第j项因素评估为第i等级的评估专家占总评估专家数的比例。我们将所有的评估列为针对评估客体的模糊矩阵R。

$$R = \begin{vmatrix} r_{11} & \cdots & r_{1n} \\ \vdots & \vdots & \vdots \\ r_{m1} & \cdots & r_{mn} \end{vmatrix}$$

第二步，通过特尔斐法、层次分析法或主观经验法确定各评估指标的权重，得到权重矩阵。

$$A = \begin{bmatrix} a_1 & \cdots & a_m \end{bmatrix},\ \sum_{j=1}^{m} a_j = 1$$

第三步，完成第一次量化。设评估客体k的综合评估矩阵为B，则

$$B = A \cdot R \begin{bmatrix} a_1 & \cdots & a_m \end{bmatrix} \cdot \begin{vmatrix} r_{11} & \cdots & r_{1n} \\ \vdots & \vdots & \vdots \\ r_{m1} & \cdots & r_{mn} \end{vmatrix} = \begin{bmatrix} b_1 & \cdots & b_n \end{bmatrix}$$

其中$b_n = \sum_{j=1}^{m} a_i r_{in}$

A与R是矩阵，其相乘是将A矩阵中的每一行与R矩阵中的每一列相乘后进行求和。得到矩阵B的元素b_n，表示样本在等级n上所获得的评价。即认为评估客体为V_1等级的程度（比例）是b_1，属于V_2等级的程度是b_2，依此类推。

同时，本书在此也提供第二种计算综合评估矩阵B的方法，以供参考。

设评估客体k的综合评估矩阵为B，$B = A*R$，“*”为一种特殊运算，具体规则如下。

在A和R两个矩阵中进行意义对应的运算，将两个对应的元素取小，然后

在所得的结果中取大。例如：A矩阵中的a_1与R矩阵中第一列的R_{11}相比取小，a_2与R矩阵中第一列的R_{12}相比取小，a_m与R矩阵中第一列的R_{1m}相比取小，得到一组数列，设为：$y_1, y_1, \cdots, y_m$。取最大y为A矩阵中的第一行与R矩阵中的第一列合并的结果元素。此过程可写为$\left[(a_1 \wedge R_{11}) \vee (a_2 \wedge R_{12}) \vee \cdots \vee (a_m \wedge R_{1m})\right] = (y_1 \vee y_2 \vee \cdots \vee y_m)$，式中$\wedge$意为取较小值，$\vee$意为取较大值。依此类推可得：

$$B = \left[(a_j \wedge r_{1j}) \vee \cdots \vee (a_j \wedge r_{nj})\right] = \begin{bmatrix} b_1 & \cdots & b_n \end{bmatrix}$$

矩阵B表示，经过计算得知，认为评估客体为V_1等级的程度（比例）是b_1，属于V_2等级的程度是b_2，依此类推。

第四步，等级赋值。无论第三步采用哪种方法，均需要完成第二次量化。为了再一次实现量化，需要按照一定的规则给每个等级进行赋值，如V_1赋予P_1分，V_2赋予P_2分，等等。设赋值后得到的矩阵为V'，则有：

$$V' = \begin{bmatrix} P_1 \\ \vdots \\ P_n \end{bmatrix}$$

则综合评估的量化结果就是，$F = B \cdot V'$

$$F = \begin{bmatrix} b_1 & \cdots & b_n \end{bmatrix} \cdot \begin{bmatrix} P_1 \\ \vdots \\ P_n \end{bmatrix}$$

这个F值就是评估客体k最后获得的评估分数。

按照相同的步骤，对k个评估客体分别进行评估分数的计算，最终形成可比的模糊数学综合评估分数。

最后，在这两种方法量化计算的基础上由评估人员进行最后的定性评估，即完成最终的评估。

第五章

高校思想政治教育评估的实施程序

本章主要是在前述理论分析的基础上，结合高校思想政治教育评估工作过程中可能面临的困惑点、难点，分析并提出高校思想政治教育评估的实施流程。在准备阶段、操作阶段和结果运用阶段将前述理论进行了一次综合实践运用，并以此进一步完善高校思想政治教育评估的实施程序。

任何一种评估实施活动的程序与步骤都有一定的相似性。因此,在评估系统的一般意义上,高校思想政治教育评估是一个有序、可控的评估系统,具备流程化的评估过程。评估的层次和类型虽有一定的特性,但高校思想政治教育评估的完整过程可以分为评估的准备阶段、评估的操作阶段和评估结果的处理阶段。具体流程如图5-1所示。

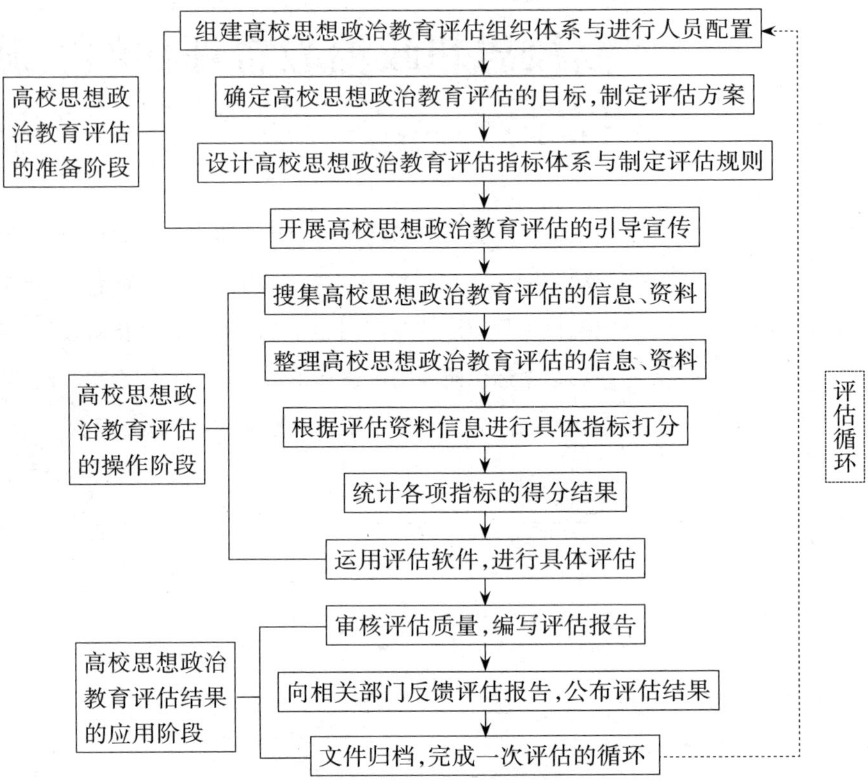

图5-1　高校思想政治教育评估实施流程图

第一节 高校思想政治教育评估的准备阶段

高校思想政治教育评估的前期准备工作，是高校思想政治教育评估工作的保障基础。具体来说，有以下四项工作。

一、组建高校思想政治教育评估组织体系与进行人员配置

组建高校思想政治教育评估组织体系与进行人员配置是评估工作的第一步。由于高校思想政治教育评估的特点，评估组织体系的建立应从上往下逐级进行。因此，在此基础上，组建高校思想政治教育评估组织体系与进行人员配置的首要任务就变为选拔人员组建高校思想政治教育评估领导决策机构，在这一机构的领导下，根据思想政治教育评估的目标和实际，逐级向下建立层级机构，配置人员。

二、确定高校思想政治教育评估的目标，制定评估方案

高校思想政治教育评估是按照严格、科学的程序进行的一种活动。在高校思想政治教育评估的行为开始实施之前，必须在评估领导决策机构的指导下设计并完善出一套科学、可行的评估方案，用以规范评估者与评估客体的思想和行为，以此指导、调控和评估实施活动的全过程。

评估方案的制定者首先要明确评估目标。在方案制定的开始要明确这

样几个问题:评估的目标是什么？这些目标是否有变化？如果有变化,现在的目标应该是什么？哪些是主要目标？哪些是次要目标？为什么它们是主要目标和次要目标？在众多的评估标准中,哪些是主要标准,哪些是次要标准？在明确地解答了上述问题后,在下一步进行评估方案的制定时就会豁然开朗了。

评估方案形成报告后,要分发给全部的评估人员,使所有评估人员了解整个评估过程的全部工作,以及达到评估目标后理想的状况。但需要注意的是,评估领导决策者和管理者要随着评估的变化与发展随时修改完善评估方案,并及时通报给相应的评估执行人员。

三、设计高校思想政治教育评估指标体系与制定评估规则

有关高校思想政治教育评估指标体系的设计与评估规则的制定在之前的章节中已进行过详细的论述,在此不再赘述。

四、开展高校思想政治教育评估的引导宣传

开展高校思想政治教育评估的引导宣传是为了使参加评估工作的工作人员、评估所涉及的被评估人员,以及其他会对评估产生影响的外界人士深入了解高校思想政治教育评估的意义和目的,引导他们积极地配合评估工作的开展。引导宣传工作主要包括以下几个方面。

(一)召开高校思想政治教育评估动员会

请评估工作的有关领导作专题报告,进行高校思想政治教育评估工作开展的思想动员;通过小型研讨会、学习会等方式,组织有关人员学习和研究与评估相关的指导文件。通过各类形式的动员,明确评估的意义和目的,提高他们对高校思想政治教育评估的必要性和重要性的认识。

（二）举办高校思想政治教育评估专题讲座

请高校思想政治教育评估领域的专家学者和评估技术相关领域的专家学者进行讲学，普及高校思想政治教育评估的理论、技术和方法，使参加评估的工作人员掌握实施评估活动的基本原理、一般方法和实施程序。

（三）利用各种宣传媒介

利用可以使用的合法合规的宣传媒介，通过介绍高校思想政治教育评估的实施方案、组织机构以及具体实施程序等，增强评估者和被评估者的了解、互信，消除被评估者对评估工作的抵触情绪，在一定程度上增加实施高校思想政治教育评估的外部支持。

至此，高校思想政治教育评估的准备工作基本完成。

第二节
高校思想政治教育评估的操作阶段

高校思想政治教育评估工作的操作实质上是一个评估信息的搜集、整理和分析的过程。这一阶段的工作主要是运用现代、高效的评估方法与技术，搜集和整理所需要的评估信息。在确认这些信息的准确性和可靠性后，采取定性和定量相结合的技术方法对评估客体作出判断，并形成有意义的评估结论。这一阶段是整个评估过程的中心环节，也是评估的主体工程。

一、搜集高校思想政治教育评估的信息、资料

搜集高校思想政治教育评估的信息、资料是评估操作组织和评估信息处理人员依据评估的目标、任务，按照评估指标要素的内涵，运用现代的科学方法和技术，深入实际，有目的、有计划地获得有关评估客体的各项真实情况的活动。评估信息的全面性、客观性、准确性和真实性，直接决定了评估结论的正确性。因此，高校思想政治教育评估信息的搜集是形成价值判断的基础工作。

二、整理高校思想政治教育评估的信息、资料

评估操作组织和评估信息处理人员整理评估信息和资料的主要任务是按照评估指标的结构系统和评估指标体系的隶属关系，对搜集到的杂乱无序

的评估信息和资料进行分类汇总和简单的数据处理，将其填入相关的统计表格，使之形成具有集中性、针对性的资料和信息，形成开展定性定量分析及测量评估客体特征的客观依据。

三、根据评估资料信息进行具体指标打分

将设计完成的包含各类评估指标的详细表格整理形成完整的相关文件，同搜集到的评估文件和相关评估信息一起寄发给所有评估专家，由评估专家进行评估，在表格上进行打分，并按时返还。

四、统计各项指标的得分结果

评估操作组织和评估信息处理人员将评估专家返还的评估指标得分和评语等进行分类、统计，填入相应的评估表格。同时做好评估软件运用的数据准备工作。

五、运用评估软件，进行具体评估

由评估信息处理人员通过运用评估软件，得出最后的量化评估结果。将专家评语和结果一起上报评估的领导决策机构，完成最后的综合性评估。

至此，高校思想政治教育评估操作阶段的工作基本完成。

第三节
高校思想政治教育评估的结果应用阶段

一、高校思想政治教育评估的结果编制阶段

为了充分发挥高校思想政治教育评估的功能,使之能够产生积极的效应,就必须正确地看待和应用评估的结果。高校思想政治教育评估的结果一般包括两个方面:一是关于评估对象,也即评估客体的各种结论性意见。二是关于评估方案实施情况,也即评估主体活动的总结性意见。对评估结果的处理和应用,一方面需要验证和审核上述两方面结果的可信度与有效度,另一方面要将这些处理意见应用于高校思想政治教育评估的实践中,进而丰富高校思想政治教育评估的理论研究。这一阶段的评估工作可以分为以下几个步骤进行。

(一)审核评估质量,编写评估报告

由全体参与评估的人员从评估方向和评估目标开始,对本次评估活动实施的全过程和评估所包含的内容逐一进行总结性的检查、审核,修正本次评估实施活动中的缺点,为下一轮评估活动提供借鉴。

确认评估完成的质量后,就可以开始编写评估报告了。评估报告可以分两个部分进行。先由各评估组织子系统的工作人员总结本组织子系统评估实施活动和计划的完成情况,总结经验,对经验和问题给予客观、公正的解释

和分析，从而形成评估结果，并编写形成相关的评估报告。然后，由评估领导决策机构在充分审阅各评估组织子系统报告的基础上，组织全体评估人员，通过多次研讨、分析，全面总结本次评估的实施工作，完成评估的综合报告。

（二）向相关部门反馈评估报告，公布评估结果

高校思想政治教育评估形成的综合报告不仅仅是领导决策机构进行领导决策的参考文件，其真正作用是提高高校整体的思想政治教育效果。仅仅通过领导决策者制定的政策是完成不了这个目标的，需要全体高校思想政治教育者、受教育者及诸多的相关因素，甚至社会、家庭层面的众多力量来共同完成。因此，及时公布评估的结果，并向相关部门反馈高校思想政治教育评估的综合报告是十分必要的。通过公布结果可以更好地使评估客体找出存在的问题，分析和诊断问题的“症结”，完成自我的分析和提升；通过反馈评估的综合报告，可以指导各层级的思想政治教育力量，针对思想政治教育的问题，找出改进工作和提高效率的途径，制定更加完善、科学、可行的思想政治教育方案。

需要注意的是，评估的真正意义是提升思想政治教育整体的效果，而不是考核。因此，在公布评估结果时，需要做好被评估对象的疏导和激励工作。当被评估对象对评估结果产生不满或怀疑时，一方面要在认真核查结果的基础上耐心地做好疏导工作，使其真正认识到自己的不足，端正态度，进而产生激励效果；另一方面也要防止被评估对象由于较好的评估结果而产生自满骄傲的情绪，要使其明白一次的评估只能说明现在的状态，只有在现有的良好基础上不断奋进，才能在未来的高校思想政治教育评估中取得更加优秀的成绩。

（三）文件归档，完成一次评估的循环

高校思想政治教育评估实施工作结束后，评估组织应把评估的方案、计划、总结、报告、数据以及各种文件、统计表格等材料及时编号，按档立卷，建立高校思想政治教育评估档案。最好是纸质和电子档案同步进行，以便长期保存和检阅使用。

二、高校思想政治教育评估的结果应用机制

高校思想政治教育评估结果的应用主要是通过合理使用评估的结果，改进和优化高校思想政治教育工作，使之在高校开展思想政治教育的过程中发挥更大、更有效的作用。因此，我们可以根据评估的结果，分析当前高校思想政治教育工作在资源配置、教育管理、人才队伍发展、教育环境和条件建设、教育目的等方面存在的问题，找出不足，分析原因，积极改进、优化，构建评估结果的应用机制。该机制的构建如图5-2所示。

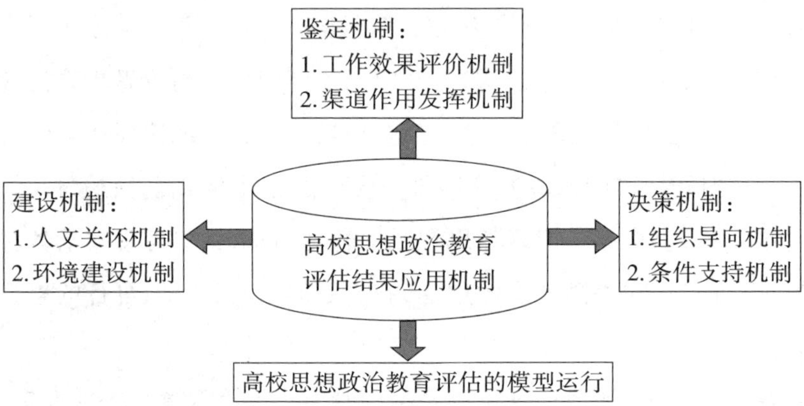

图5-2　高校思想政治教育评估模式的结果应用机制

(一)鉴定机制

鉴定机制指通过高校思想政治教育评估结果对教育工作效果，以及在长期工作实践中积淀形成的、本地特有的、得到社会公认的、对大学生思想政治教育作用大的、效果显著的实践活动作出鉴别和评定，这是高校思想政治教育评估的重要机制之一。

1.工作效果评价机制

高校思想政治教育效果指标体系包含高校思想素质指标，而这些思想素质主要由不能被直接观察的隐性素质指标组成，这些隐性素质也是决定大学生行为表现的内在因素。根据高校思想政治教育效果评价的结果，教育部门可以据此对大学生的培养、发展等进行相应的配置，根据评估指标以及评估

结果来进行修改或调整,相对合理地进行下一步的思想政治教育。

2.渠道作用发挥机制

根据高校思想政治教育的渠道评估,可以发现高校思想政治教育与事先确定的教育渠道之间存在的问题。通过对高校思想政治教育评估结果的判断,鉴定各种教育渠道的价值性和畅通性,从而掌握高校思想政治教育渠道在教育过程中质与量两方面的现状。高校思想政治教育渠道要围绕教育目标与子目标进行,保持各渠道之间的衔接性,这直接关系到高校思想政治教育渠道的设计、选择能否实现教育目标。高校思想政治教育评估的结果就是通过具体指标体系的评估,着重判断这些内容,同时对渠道偏离目标的原因作出定性分析,找出原因,为改进和优化高校思想政治教育渠道建设提出反馈信息和应对策略。

(二)决策机制

高校思想政治教育评估的决策机制主要是通过高校思想政治教育评估的结果,发现高校思想政治教育在组织领导和制度、人才等条件支持中存在的优势和不足,从而在今后开展高校思想政治教育过程中的组织领导、条件保障等方面作出正确的决策。

1.组织导向机制

思想政治教育是一项系统工程。组织系统的顺利运行、思想政治教育领导部门的科学决策和正确导向对更加有效地开展高校思想政治教育具有十分重要的作用。科学决策和正确导向是建立在领导者对大量客观、可信的信息的及时掌握基础上的。高校思想政治教育评估的结果涵盖了高校思想政治教育系统活动过程中各个环节的运行情况与效果信息的及时搜集、整理和分析,为领导者提供了大量的客观、可信的信息,从而为其进行正确的决策和有效的导向提供了客观的依据。

2.条件支持机制

高校思想政治教育评估的条件支持包括了制度建设和队伍建设两个方面。通过高校思想政治教育评估的结果可以发现教育目标的理想和实际的差距，进而发现制度、人才等支持条件的差距。同时，通过对评估结果的判断可以鉴定其现有支持条件的实际价值、支持力度和发挥效果。具体来说，高校思想政治教育在贯彻落实思想政治教育相关文件方面的力度如何？在制定和实施大学生教育管理制度的过程中与教育目标的关联程度如何？在管理实践中的工作方法和内容是否与教育目标保持一致？如果没有，偏离的程度如何？通过对思想政治教育的评估，可以对高校思想政治教育者的素质和能力进行客观、系统、全面的考查，以保证队伍建设既符合专业工作岗位所需知识和技能的要求，又符合社会主义现代化教育的要求。

（三）建设机制

建设机制是指通过高校思想政治教育评估的结果，发现高校思想政治教育在人文关怀教育中取得的成绩和存在的不足，厘清外界环境的各种影响因素对高校思想政治教育的支持程度。并在此基础上，对高校思想政治教育过程中相关的环境影响因素进行准确的判断和及时的反应。

1. 人文关怀机制

高校思想政治教育评估结果的人文关怀指标体系是对思想政治教育培养、实现大学生社会价值程度的判断。一方面，我们可以通过评估结果的分析和研究，明确具体的人文关怀工作标准，进而引导高校思想政治教育朝着更有利于大学生个体需求的方向发展和朝着社会发展需要的方向发展，实现高校思想政治教育的社会价值。另一方面，高校思想政治教育中的人文关怀教育是一个不断动态调整的过程，会随着大学生的不断成长而不断发生变化。因此，需要高校思想政治教育评估对人文关怀教育的效果及发展方向作出精准的价值判断，使高校思想政治教育的人文关怀教育始终与高校思想政治教育的目标保持一致。

2. 环境建设机制

评估开展高校思想政治教育的环境是否完善，对实现高校思想政治教育的价值至关重要。高校思想政治教育环境的评估是对高校思想政治教育在各领域的工作状况与精神面貌的评判，通过环境的评估，使高校思想政治教育的工作者、管理者以及学校相关管理部门认识到自己工作的成绩和不足，有利于调动高校思想政治教育中各方面的积极性和创造性。环境评估的作用具体表现在，高校思想政治教育所处环境的好坏直接说明了高校思想政治教育的外界因素能否被有效地调动起来，高校思想政治教育的工作是否得到了社会、组织与他人的承认，是否有效激发了外界因素配合的主动性与工作热情。

至此，高校思想政治教育评估基本完成，但一次评估的完成并不代表高校思想政治教育评估的结束。高校思想政治教育评估是一个动态的、循环的活动。上一次评估的完成，也标志着下一次评估的开始。只有不断循环进行的高校思想政治教育评估才能检验其功能和价值是否有效发挥，才能推进高校思想政治教育评估理论与实践的不断发展。

第六章

高校思想政治教育评估的保障机制

本章重点讨论党和国家对高校思想政治教育评估的重视程度和高校思想政治教育评估的政策驱动力，通过分析上述高校思想政治教育评估体系推行和实施的政策需求，自上而下地探究进一步推动高校思想政治教育评估工作开展的保障机制并提出对策建议。

第一节 高校思想政治教育评估的宏观政策保障

在中国特色社会主义制度和教育事业的基本框架下，以及推进全面依法治国的背景下，高校思想政治教育评估的开展必然需要一定的制度支持和政策支撑，有力的制度支持与政策支撑才能保障高校思想政治教育评估机制更流畅地运行。

一、明确党和政府对思想政治教育评估的指导思想

2004年8月，中共中央、国务院发布了《关于进一步加强和改进大学生思想政治教育的意见》。作为21世纪首个具有权威性和指导性的高校思想政治教育工作纲领性文件，其主要内容涵盖高校思想政治教育及高校思想政治教育机制运行等九个重要方面，并就如何加强和改进高校思想政治教育工作和指导高校思想政治教育机制运行作出了较为全面的部署，对高校思想政治教育工作的开展和机制运行具有重大的战略意义和现实意义。随着国际国内局势的深刻变化，以及大量的“00后”新时代大学生进入大学校园，原有的指导思想和工作部署不可避免地产生了一定的时代局限性。因此，2017年，中共中央、国务院发布的《关于加强和改进新形势下高校思想政治工作的意见》进一步完善了在新的时代背景下高校思想政治教育的指导思想和基本原则。针对新形势的变化和挑战，从国家战略高度和全局性的长远利益出发，制定

了更契合时代的指导方针。随后,对高校思想政治教育工作的重视程度逐渐增加,系列文件如《高校思想政治工作质量提升工程实施纲要》(2017)、《新时代高校思想政治理论课教学工作基本要求》(2018)、《关于加快构建高校思想政治工作体系的意见》(2020)、《深化新时代教育评价改革总体方案》(2020)的颁布,进一步完善了高校思想政治教育的发展方向,也为高校思想政治教育评估指明了方向。本书对部分相关文件及具体内容作了如下梳理,详见表6-1。

表6-1　近年来有关思想政治教育评估实施的文件

颁布年度	文件名称	主要内容
2004	《关于进一步加强和改进大学生思想政治教育的意见》	坚持教书与育人相结合,坚持教育与自我教育相结合,坚持政治理论教育与社会实践相结合,坚持解决思想问题与解决实际问题相结合,坚持教育与管理相结合,坚持继承优良传统与改进创新相结合; 以理想信念教育为核心,以爱国主义教育为重点,以基本道德规范为基础,以大学生全面发展为目标
2017	《关于加强和改进新形势下高校思想政治工作的意见》	坚持党对高校的领导,坚持社会主义办学方向,坚持全员全过程全方位育人,坚持遵循教育规律、思想政治工作规律、学生成长规律,坚持改革创新; 发挥哲学社会科学育人功能,加强思想文化阵地的建设管理,加强教师队伍和专门力量建设,推进高校思想政治工作改革创新,加强和改善党对高校的领导
2017	《高校思想政治工作质量提升工程实施纲要》	统筹推进课程育人,着力加强科研育人,扎实推动实践育人,深入推进文化育人,创新推动网络育人,大力促进心理育人,切实强化管理育人,不断深化服务育人,全面推进资助育人,积极优化组织育人
2018	《新时代高校思想政治理论课教学工作基本要求》	要建立健全多元评价机制,采用教师自评、学生评价、同行评价、督导评价、社会评价等多种方式,对教师教学质量进行综合评价
2020	《关于加快构建高校思想政治工作体系的意见》	加强党的全面领导,加强基层党的建设,强化工作协同保障。构建科学测评体系,完善推进落实机制,健全督导问责机制

续表

颁布年度	文件名称	主要内容
2020	《深化新时代教育评价改革总体方案》	完善立德树人体制机制，扭转不科学的教育评价导向，坚决克服唯分数、唯升学、唯文凭、唯论文、唯帽子的顽瘴痼疾，提高教育治理能力和水平，加快推进教育现代化、建设教育强国、办好人民满意的教育

与此同时，教育部制定颁布的部门行政规章和管理办法也为高校开展学生工作和高校思想政治教育工作提供了制度框架和规则基础。如，《普通高等学校学生管理规定》《高等学校学生行为准则》，以及《高等学校校园秩序管理若干规定》《普通高等学校学生安全教育及管理暂行规定》《国家教育考试违规处理办法》等，一方面为高校思想政治教育评估中的学生行为评估制定了框架，另一方面也间接性地为教师和管理部门的评估指明了方向。

诸多文件的相继颁布，一方面，从国家高度在宏观上为我国高校思想政治教育的发展、运行和应坚持的基本原则指明了方向，同时也为高校思想政治教育机制的良好运行提供了制度保障，为各地教育主管部门、各高校及组织制定并实施具体的高校思想政治教育行动和制定高校思想政治教育机制运行的微观制度提供了依据；另一方面，在对高校思想政治教育评估的驱动方面，为高校思想政治教育评估的开展从必要性上提供了充分的政策驱动，在指导性上为高校思想政治教育评估的制定提供了详细的方向引导。

从技术手段上，新的统计方法和新的信息技术的不断开发和完善，使得高校思想政治教育评估的技术驱动力获得了极大的提升，进而为开展高校思想政治教育评估提供了充足的实施条件。

二、加强党和政府对高校思想政治教育的领导机制

2016年12月7日至8日，党中央召开全国高校思想政治工作会议，习近平总书记出席会议并发表重要讲话，强调要想办好高等教育必须坚持党的领导，牢牢掌握党对高校工作的领导权，使高校成为坚持党的领导的坚强阵地。各级党委要把高校思想政治工作摆在重要位置，加强领导和指导，形成党委

统一领导、各部门齐抓共管的工作格局。高校党委对学校工作实行全面领导，承担管党治党、办学治校主体责任，把方向、管大局、作决策、保落实。2017年12月，中共教育部党组印发《高校思想政治工作质量提升工程实施纲要》的通知，要求成立高校思想政治工作委员会，加强工作统筹、决策咨询和评估督导。健全高校思想政治工作质量评价机制，研究制定高校思想政治工作评价指标体系，创新评价方式，探索引进第三方评价机构。强化高校思想政治工作督导考核，把加强和改进高校思想政治工作纳入高校巡视、"双一流"建设、教学科研评估范围，作为各级党组织和党员干部工作考核的重要内容。各地各高校结合实际，将《高校思想政治工作质量提升工程实施纲要》的实施纳入整体发展规划和年度工作计划，明确路线图、时间表、责任人。2019年8月，中共中央办公厅、国务院办公厅印发了《关于深化新时代学校思想政治理论课改革创新的若干意见》，要求推动建立高校党委书记、校长带头抓思政课机制。加强和改进高校领导干部深入基层联系学生工作，推动高校领导干部兼任班主任等工作，建立健全高校党委书记、校长及职能部门力量深入一线了解学生思想动态、服务学生发展的制度性安排。高校党委书记、校长作为思政课建设第一责任人，要结合自身学科背景和工作经历，带头走进课堂听课讲课，带头推动思政课建设，带头联系思政课教师。高校党委常委会每学期至少召开1次会议专题研究思政课建设，高校党委书记、校长每学期至少给学生讲授4个课时的思政课，高校领导班子其他成员每学期至少给学生讲授2个课时的思政课，可重点讲授"形势与政策"课。开学典礼、毕业典礼讲话等要鲜明体现党的教育方针、积极传播马克思主义科学理论、弘扬社会主义核心价值观。要把思政课建设情况纳入学校党的建设工作考核、办学质量和学科建设评估标准体系。

近年来，在党中央、主管部门、高校党委的高度重视下，高校思想政治教育评估的各项工作获得了大力支持的环境，也获得了顺利成长的土壤。

第二节 高校思想政治教育评估的微观措施保障

然而,仅有党和国家层面的指导思想和政策对开展具体的高校思想政治教育评估显然是不够充分的。在实际的评估操作过程中,高校思想政治教育评估的具体部门需要“因地制宜”,结合高校的思想政治教育实际,制定行之有效的微观措施保障,真正做到原则性与具体性的统一,进而切实发挥宏观制度的有效指导作用。

一、加强高校思想政治教育人才队伍建设

受过良好教育的、高素质的人才是实现思想政治教育评估方案科学制定、有效执行和客观评估的基础。事实上,受过良好教育的、高素质的人才能够更加准确、全面地把握思想政治教育评估的理论精神和实践方法。因此,思想政治教育的专业化人才队伍是保障思想政治教育评估目标实现的关键点。2004年,中共中央、国务院印发的《关于进一步加强和改进大学生思想政治教育的意见》中指出:“思想政治教育工作队伍是加强和改进大学生思想政治教育的组织保证。大学生思想政治教育工作队伍主体是学校党政干部和共青团干部,思想政治理论课和哲学社会科学课教师,辅导员和班主任。”如果说思想政治教育目标的实现关键在于思想政治教育评估的有效执行,那么高校思想政治教育评估的有效执行的关键在于高素质人力资源的保障。思

想政治教育的评估，归根到底是对人的评估，所以，拥有一批高素质的思想政治教育专业化人才队伍，对思想政治教育评估的具体活动开展有着重要的推动作用。

同时，高素质的思想政治教育人才同样有利于思想政治教育评估的宏观政策开展。高校思想政治教育评估的实现依托于中央各部门、地方各级党委教育工作部门、教育行政主管部门、高校的共同努力。虽然多数政策的发布都是以机关名义进行的，但必须指出的是，其政策行为都是由具体的人来制定和实施的。由此，高素质的思想政治教育人才队伍也是保障思想政治教育政策目标实现的关键。

培养高素质的思想政治教育人才队伍的核心是尊重人的主体性，通过宏观思想政治教育政策及其指导下的思想政治教育培养正确的思想观念、政治观点、道德标准、法律意识和心理素质，进而正确地认识世界、改造世界，不断提升自身的专业素养、道德素养，以德为先，全面发展。只有高素质的思想政治教育人才参与到思想政治教育评估中，才能有效保障思想政治教育政策的科学性和思想政治教育活动的有效性，进而促进思想政治教育的不断发展，促进思想政治教育人才队伍的建设，形成思想政治教育与人才队伍建设的良性循环。

二、加强高校思想政治教育评估物质资源保障

物质资源的供给是保障思想政治教育评估得以有效实现的重要因素。中共中央、国务院《关于进一步加强和改进大学生思想政治教育的意见》指出："要加大高校思想政治教育工作的经费投入，教育行政部门和学校要合理确定思想政治教育工作方面的经费投入科目，列入预算，确保各项工作顺利开展。"《国家中长期教育改革和发展规划纲要（2010—2020年）》指出："教育投入是支撑国家长远发展的基础性、战略性投资，是教育事业的物质基础，是公共财政的重要职能。"在思想政治教育政策执行的过程中，以思想政治教育政策为指导方向开展的思想政治教育评估活动必然需要物质资源的供给来

保障其有效实现。正如马克思和恩格斯曾经指出的:“思想、观念、意识的生产最初是直接与人们的物质活动,与人们的物质交往,与现实生活的语言交织在一起的。”经济基础决定上层建筑,物质资源对思想政治教育评估的开展提供了基础的现实条件。同时,也间接影响着思想政治教育的宏观政策。资源的供给在一定程度上反映了经济发展的水平,也反映了生产力的发展水平。生产力发展的要求对思想政治教育的效果提出了要求,进而对思想政治教育评估的结果提出了要求。因此,思想政治教育政策和思想政治教育政策指导下的思想政治教育评估的开展必须以生产力的发展为基础和载体,实事求是地按照物质发展的客观规律来把握思想政治教育规律和人民思想品德形成发展的规律。只有物质发展规律和思想发展规律之间的辩证统一,才能使社会的发展和人的发展相互协调、相互促进、共同发展。通过不断解放和发展生产力,进而不断提高对思想政治教育政策科学、有效开展的支持力度,同时,通过思想政治教育政策指导下的思想政治教育评估指导新的实践来不断促进生产力发展,形成辩证统一的良性循环。

三、加强高校思想政治教育评估信息技术保障

思想政治教育政策指导下的评估工作不仅仅是简单地评估被评估者并给出结论,更重要的是对思想政治教育系统的评估工作。由于思想政治教育系统化的特点,信息在系统内外的传递对系统的发展都至关重要。思想政治教育系统评估的整个过程都要依托于信息的保障。思想政治教育评估工作的制定、实施和应用都必须依据及时、客观、有效的信息。思想政治教育自上而下的指导模式,决定了评估工作领导决策机构掌握正确的信息对高校思想政治教育评估工作科学布置、实施的重要性,只有掌握了正确的、真实的、有效的信息,评估工作的开展才能有的放矢。同时,在高校思想政治教育评估工作的具体实施和执行中,正确信息的沟通、传递和反馈对评估工作的有效执行具有十分重大的意义。此外,在评估工作中,正确、精准的指标体系的构建和指标权重的确定也依赖于准确、有效的信息。由此,信息保障在高校思

想政治教育评估中的重要性不言而喻。在高校思想政治教育评估的理论和实践中必须对评估的有关问题全面、科学地把握，如何全面、科学把握的关键在于构建并完善及时的信息获取渠道、准确的信息甄别渠道、科学的信息运用手段等。多维度、多类别的思想政治教育评估信息为高校思想政治教育的发展提供了信息支持，但同时，高速发展的信息技术也对思想政治教育政策和思想政治教育政策指导下的高校思想政治教育评估工作提出了新的要求。在高校思想政治教育评估的理论和实践中，必须科学地把握信息、正确地认识和应用信息，不断推动高校思想政治教育评估工作的有效开展和高校思想政治教育实践的科学发展。事实上，现代科学技术的迅猛发展，尤其是信息技术、网络技术的飞速发展，已经开始促进高校思想政治教育评估的同步发展。一是信息技术的发展拓宽了高校思想政治教育目标的信息接收渠道，使得高校思想政治教育目标的思想获得了多元化发展，使得高校思想政治教育评估的维度产生了变化。二是信息渠道的发展丰富了高校思想政治教育评估的技术手段，在文献整理、问卷发放、信息搜集等方面提供了高效的方式和多样的方法。三是互联网的发展使网络成为高校思想政治教育的重要阵地，《关于进一步加强和改进大学生思想政治教育的意见》文件强调："主动占领网络思想政治教育新阵地。要全面加强校园网的建设，使网络成为弘扬主旋律、开展思想政治教育的重要手段。"高校思想政治教育评估的内容也随着网络阵地的不断建设发生了变化。总而言之，高校思想政治教育评估需要充分考虑网络技术的影响和现代信息技术的应用，通过高效的信息技术来开展和保障思想政治教育评估工作的科学制定和有效执行。

参考文献

[1]张蔚萍、张俊南:《思想政治工作概论》,陕西人民出版社,1983。

[2]上海市高教局主编《高等学校学生思想政治教育》,教育科学出版社,1984。

[3]陆庆壬主编《思想政治教育学原理》,复旦大学出版社,1986。

[4]王玄武主编《思想政治教育方法论》,武汉大学出版社,1985。

[6]王礼湛主编《思想政治教育学》,浙江大学出版社,1989。

[7]邱伟光:《思想政治教育学》,学林出版社,1990。

[8]国家教委思想政治工作司组编《思想政治教育方法论》,高等教育出版社,1992。

[9]罗洪铁:《思想政治教育学专题研究》,西南师范大学出版社,1997。

[10]刘书林、陈立思:《青年思想政治教育学原理》,中国青年出版社,1999。

[11]张耀灿、郑永廷、吴潜涛等:《现代思想政治教育学》,人民出版社,2000。

[12]黄蓉生:《当代思想政治教育方法论研究》,西南师范大学出版社,2000。

[13]陈秉公:《思想政治教育学原理》,辽宁人民出版社,2001。

[14]项久雨:《论思想政治教育价值评价的特点及其功能》,《学校党建与思想教育》,2004年第3期。

[15]张耀灿、陈万柏主编《思想政治教育学原理》,高等教育出版社,2001。

[16]王敏:《思想政治教育接受论》,湖北人民出版社,2002。

[17]王勤:《思想政治教育学新论》,浙江大学出版社,2004。

[18]仓道来主编《思想政治教育学》,北京大学出版社,2004。

[19]罗洪铁、董娅主编《思想政治教育原理与方法基础理论研究》,人民出版社,2005。

[20]许克毅、曹凯松:《思想政治教育评估若干理论探讨》,《西安电子科技大学学报(社会科学版)》,2002年第1期。

[21]邱柏生:《思想政治教育学科评估指标体系问题》,《学校党建与思想教育》,2003年第11期。

[22]孙梦云、杨国辉、曹友华:《思想政治教育评估的研究状况分析》,《湖南师范大学社会科学学报》,2006年第1期。
[23]郑永廷主编《思想政治教育方法论》,高等教育出版社,2010。
[24]刘新庚:《现代思想政治教育方法论》,人民出版社,2006。
[25]徐志远:《现代思想政治教育学范畴研究》,人民出版社,2009。
[26]陈秉公:《思想政治教育学原理》,高等教育出版社,2006。
[27]郝文清主编《现代思想政治教育学》,合肥工业大学出版社,2008。
[28]杨国辉、孙梦云:《思想政治教育评估问题研究状况分析》,《当代教育论坛》,2006年第3期。
[29]赵志军、于广河、李晓元等:《思想政治教育管理学》,中国社会科学出版社,2009。
[30]成春、李向成:《定性与定量测评相结合原则在大学生思想政治教育测评中的应用研究》,《思想教育研究》,2013年第12期。
[31]陶思亮、陈正芹、朱惠蓉:《高校治理视域下德育工作创新发展探析》,《思想理论教育》,2017年第3期。
[32]沈壮海:《思想政治教育有效性研究》(第二版),武汉大学出版社,2008。
[33]乔永忠:《论思想政治教育绩效评价及其指标体系构建》,《法制与社会》,2007年第5期。
[34]杨瑞东、倪士光:《基于学生满意度的德育评价模型的开发与应用》,《现代教育技术》,2014年第8期。
[35]沈壮海、段立国:《思想政治教育测评研究的回顾与展望》,《思想教育研究》,2014年第9期。
[36]张亚丹、何会宁:《发展性评价视角下大学生思想政治教育价值评价内涵和方法探析》,《学校党建与思想教育》,2013年第14期。
[37]倪胜巧:《高校学生思想政治教育工作绩效评估机制研究》,《教育与职业》,2013年第20期。
[38]刘倩:《思想政治教育评估指标体系研究的困境与出路》,《思想教育研究》,2013年第4期。
[39]李杰:《大学生政治素质评估研究》,博士学位论文,中国地质大学,2013。
[40]侯坤、段冉主编《思想政治教育学原理》,电子科技大学出版社,2016。
[41]《马克思恩格斯选集》第1卷,人民出版社,1972。

附录 政策文件、案例

附录一 中共中央、国务院印发《关于加强和改进新形势下高校思想政治工作的意见》

新华社北京2月27日电 近日，中共中央、国务院印发了《关于加强和改进新形势下高校思想政治工作的意见》(以下简称《意见》)。

《意见》强调指出，高校肩负着人才培养、科学研究、社会服务、文化传承创新、国际交流合作的重要使命。加强和改进高校思想政治工作，事关办什么样的大学、怎样办大学的根本问题，事关党对高校的领导，事关中国特色社会主义事业后继有人，是一项重大的政治任务和战略工程。

《意见》分为七个部分：一、重要意义和总体要求；二、强化思想理论教育和价值引领；三、发挥哲学社会科学育人功能；四、加强对课堂教学和各类思想文化阵地的建设管理；五、加强教师队伍和专门力量建设；六、推进高校思想政治工作改革创新；七、加强和改善党对高校的领导。

《意见》指出，我们党历来高度重视高校思想政治工作，探索形成了一系列基本方针原则和工作遵循。党的十八大以来，以习近平同志为核心的党中央把高校思想政治工作摆在突出位置，作出一系列重大决策部署，各地区各有关部门各高校采取有力有效措施，积极主动开展工作，创造了许多成功做法，积累了许多宝贵经验。大学生思想政治教育成效显著，教师思想政治素质明显提高，各类思想文化阵地建设和管理不断加强，中国特色社会主义理论体系进教材、进课堂、进头脑工作扎实有效，社会主义核心价值观建设持续推进，高校意识形态领域主流积极健康向上，广大师生对以习近平同志为核心的党中央拥护信任，对党中央治国理政新理念新思想新战略高度认同，对中国特色社会主义和中华民族伟大复兴中国梦充满信心。总体上看，高校思想政治工作持续加强和改进，呈现出良好发展态势，为保证高等教育改革发展、服务党和国家工作大局作出了重要贡献。

《意见》指出，加强和改进高校思想政治工作的指导思想是：高举中国特色社会主义伟大旗帜，全面贯彻党的十八大和十八届三中、四中、五中、六中全会精神，以马克思列宁主义、毛泽东思想、邓小平理论、“三个代表”重要思想、科学发展观为指导，深入学习贯彻习近平总书记系列重要讲话精神和治国理政新理念新思想新战略，全面贯彻党的教育方针，坚持社会主义办学方向，扎根中国大地办大学，以立德树人为根本，以理想信念教育为核心，以社会主义核心价值观为引领，切实抓好各方面基础性建设和基础性工作，切实加强和改善党的领导，全面提升思想政治工作水平，紧密团结在以习近平同志为核心的党中央周围，牢固树立政治意识、大局意识、核心意识、看齐意识，坚定不移维护党中央权威和党中央集中统一领导，为实现“两个一百年”奋斗目标、实现中华民族伟大复兴的中国梦，培养又红又专、德才兼备、全面发展的中国特色社会主义合格建设者和可靠接班人。

《意见》指出，加强和改进高校思想政治工作的基本原则是：(1)坚持党对高校的领导。落实全面从严治党要求，把党的建设贯穿始终，着力解决突出问题，维护党中央权威、保证党的团结统一，牢牢掌握党对高校的领导权。(2)坚持社会主义办学方向。坚持马克思主义指导地位，坚持以人民为中心的发展思想，更好为改革开放和社会主义现代化建设服务、为人民服务。(3)坚持全员全过程全方位育人。把思想价值引领贯穿教育教学全过程和各环节，形成教书育人、科研育人、实践育人、管理育人、服务育人、文化育人、组织育人长效机制。(4)坚持遵循教育规律、思想政治工作规律、学生成长规律。把握师生思想特点和发展需求，注重理论教育和实践活动相结合、普遍要求和分类指导相结合，提高工作科学化精细化水平。(5)坚持改革创新。推进理念思路、内容形式、方法手段创新，增强工作时代感和实效性。

《意见》指出，要强化思想理论教育和价值引领。把理想信念教育放在首位，切实抓好马克思列宁主义、毛泽东思想学习教育，广泛开展中国特色社会主义理论体系学习教育，深入学习习近平总书记系列重要讲话精神，引导师生深刻领会党中央治国理政新理念新思想新战略，坚定中国特色社会主义道路自信、理论自信、制度自信、文化自信。要培育和践行社会主义核心价值观，把社会主义核心价值观体现到教书育人全过程，引导师生树立正确的世界观、人生观、价值观，加强国家意识、法治意识、社会责任意识教育，加强民族团结进步教育、国家安全教育、科学精神教育，以诚信建设为重点，加强社会公德、职业道德、家庭美德、个人品德教育，提升师生道德素养。要弘扬中华优秀传统文化和革命文化、社会主义先进文化，实施中华文化传承工程，推动中华优秀传统文化融入教育教学，加强革命文化和社会主义先进文化教育，深化中国共产党史、中华人民共和国史、改革开放史和社会主义发展史学习教育，利用我国改革发展的伟大成就、重大历史事件纪念活动、爱国主义教育基地、国家公祭仪式等组织开展主题教育，弘扬以爱国主义为核心的民族精神和以改革创新为核心的时代精神。要进一步办好高校思想政治理论课，充分发挥思想政治理论课的主渠道作用，深入实施高校思想政治理论课建设体系创新计划，完善教材体系，提高教师素质，创新教学方法，增强教学的吸引力、说服力、感染力。要加强高校马克思主义学院建设，打造马克思主义理论教学、研究、宣传和人才培养的坚强阵地，支持有条件的高校设置马克思主义理论专业，深入实施马克思主义理论研究和建设工程。

《意见》指出，要发挥哲学社会科学育人功能。强调要加强哲学社会科学学科体系建设，积极构建中国特色、中国风格、中国气派的哲学社会科学学科体系，强化马克思主义理论学科的引领作用，支持有条件的高校在马克思主义理论一级学科下设置党的建设二级学科，实施高校马克思主义理论人才支持培养计划，积极推进学术话语体系创新，加快完善具有中国特色和国际视野的哲学、历史学、经济学、政治学、法学、社会学、民族学、新闻学、人口学、宗教学、心理学等学科，努力建设一批中国特色、世界一流的哲学社会科学学科。加快建设一批哲学社会科学专业核心课程教材。要规范哲学社会科学教材选用，建立国家优秀教材评选奖励制度，完善学术评价体系和评价标准，建立科学权威、公开透明的哲学社会科学成果评价体系，健全优秀成果评选推广机制，提高高校学术委员会建设水平。

《意见》指出，要加强对课堂教学和各类思想文化阵地的建设管理。充分发掘和运用各学科蕴含的思想政治教育资源，健全高校课堂教学管理办法。要加强对校园各类思想文化阵地的规范管理，加强校园网络安全管理，营造风清气正的网络环境。

《意见》指出，要加强教师队伍和专门力量建设。强调要提升教师思想政治素质，加强思想政治工作，建立中青年教师社会实践和校外挂职制度，加强师德师风建设，增强教师教书育人的责任担当。要完善教师评聘和考核机制，增加课堂教学权重，引导教师将更多精力投入到课堂教学上，完善教师职业道德规范，实施师德"一票否决"。高校思想政治工作队伍和党务工作队伍具有教师和管理人员双重身份，要纳入高校人才队伍建设总体规划，形成一支专职为主、专兼结合、数量充足、素质优良的工作力量。

《意见》指出，要推进高校思想政治工作改革创新。强调要贴近师生思想实际，以改革创新精神做好高校思想政治工作，建立健全校领导、院(系)领导联系师生、谈心谈话制度，在平等沟通、民主讨论、互动交流中进行思想引导，有的放矢、生动活泼地开展工作，发挥师德楷模、名师大家、学术带头人等的示范引领作用。要加强互联网思想政治工作载体建设，加强学生互动社区、主题教育网站、专业学术网站和"两微一端"建设，运用大学生喜欢的表达方式开展思想政治教育。要强化社会实践育人，提高实践教学比重，组织师生参加社会实践活动，完善科教融合、校企联合等协同育人模式，加强实践教学基地建设，建立健全国家机关、企事业单位、社会团体接收大学生实习实训制度，开设创新创业教育专门课程，增强军事训练实效，建立健全学雷锋志愿服务制度。要在服务引导中加强思想教育，把解决思想问题与解决实际问题结合起来，做到既讲道理又办实事，加强学生学业就业指导，帮助大学生顺利完成学业，加强人文关怀和心理疏导，促进大学生身心和人格健康发展，加强对家庭经济困难学生的资助工作，积极帮助解决教师的合理诉求。积极发挥共青团、学生会组织和学生社团作用。要健全高校思想政治工作评价体系，研究制定内容全面、指标合理、方法科学的评价体系，推动高校思想政治工作制度化。

《意见》最后强调，要加强和改善党对高校的领导。要完善高校党的领导体制，坚持和完善普通高校党委领导下的校长负责制，高校党委对本校工作实行全面领导，履行管党治党、办学治校的主体责任，切实发挥领导核心作用。按照社会主义政治家、教育家标准，选好配强高校领导班子特别是党委书记和校长。高校党委书记主持党委全面工作，履行高校思想政治工作和党的建设第一责任人的职责。校长是学校的法人代表，在党委领导下组织实施党委有关决议，行使高等教育法等规定的各项职权。其他党委班子成员履行"一岗双责"，结合业务分工抓好思想政治工作和党的建设工作。要强化院（系）党的领导，发挥院（系）党委（党总支）的政治核心作用，履行政治责任，保证监督党的路线方针政策及上级党组织决定的贯彻执行。认真执行民主集中制原则，通过院（系）党政联席会议讨论和决定本单位重要事项，健全院（系）集体领导、党政分工合作、协调运行的工作机制，提升班子整体功能和议事决策水平。要加强高校基层党建工作，建立健全高校基层党组织，加强教师党支部、学生党支部特别是研究生党支部建设，充分发挥党支部战斗堡垒作用。坚持党的组织生活各项制度，组织党员深入开展"两学一做"学习教育，认真做好在高校优秀青年教师、高校学生中发展党员工作，加强党员日常管理监督。要健全地方党委抓高校思想政治工作制度，切实加强组织领导和工作指导，坚持和完善党委定期研究、领导干部联系高校等制度，建立部门协作常态机制，形成党委统一领导、党政齐抓共管、职能部门组织协调、社会各方积极参与的工作格局。高度重视民办高校、中外合作办学中党的建设和思想政治工作，探索党组织发挥政治核心作用的有效途径，完善政策保障和经费支持，为加强和改进高校思想政治工作创造良好条件。

附录二
《全国大学生思想政治教育工作测评体系(试行)》

简要说明

1. 测评体系构成:分为省(区、市)大学生思想政治教育工作测评体系(以下简称"党委政府版")和普通高等学校大学生思想政治教育工作测评体系(以下简称"高校版")。

2. 测评对象:党委政府版主要用于测试省(区、市)党委、政府加强和改进大学生思想政治教育工作的进展及成效;高校版主要用于测试高校加强和改进大学生思想政治教育工作的进展及成效。

3. 结构:党委政府版包括4个一级指标、12个二级指标;高校版包括6个一级指标、20个二级指标。

4. 数据采集方法:主要采用材料审核和实地考察两种方法。材料审核以测评年度前两年的材料为主,各类数据取测评年度前两年的平均值。实地考察采取走访、问卷调查等方式。

5. 测评结果:采用"状态描述法",以A、B、C、D描述测评结果,分别对应为优秀、良好、合格、不合格。

一、省(区、市)大学生思想政治教育工作测评体系

一级指标	二级指标	测评标准	测评方式
1.组织领导	1.1领导体制	1.党委政府主要领导关心重视,主管领导具体负责,成立相应的组织协调机构,每年召开相关工作协调会 2.党委政府有关部门及群团组织在大学生思想政治教育中有明确的工作职责和要求,并将大学生思想政治教育列入重要工作日程并有工作部署和考核	材料审核
		符合上述两项标准为A;符合其中一项为C;其余情形为D	
	1.2工作机制	1.大学生思想政治教育工作纳入党委政府重要议事日程,党委常委会、政府常务会定期听取汇报、研究解决重大问题 2.有党委政府领导联系高校工作机制,党委政府领导每年深入高校作形势政策报告≥5人次 3.大学生思想政治教育工作纳入党委政府督查工作,每两年至少进行一次专项调研和督查 4.定期开展所在地区高校大学生思想政治教育工作测评	材料审核
		符合上述四项标准为A;符合其中三项为B;符合其中两项为C;其余情形为D	
2.条件保障	2.1制度保障	1.有贯彻落实中发〔2004〕16号文件及其配套文件的实施意见 2.适时修改完善相关实施意见	材料审核
		符合上述两项标准为A;符合其中一项为C;其余情形为D	

续表

一级指标	二级指标	测评标准	测评方式
2.条件保障	2.2队伍保障	1.有组织、人事、教育等党政相关部门联合制定的大学生思想政治教育工作队伍建设文件和措施 2.按照有关文件要求核定落实高校辅导员、思想政治理论课教师编制 3.对高校辅导员、思想政治理论课教师专业技术职务单列指标，单设标准，单独评审 4.落实高校辅导员相应职级、职数 5.将大学生思想政治教育工作队伍表彰奖励纳入各级教师、教育工作者表彰奖励体系，按一定比例评选，统一表彰 6.组织开展大学生思想政治教育工作队伍境内外培训，有实施队伍轮训的规划	材料审核
		符合上述六项标准为A；符合其中四项为B；符合其中三项为C；其余情形为D	
	2.3经费保障	设立大学生思想政治教育专项经费，支持开展大学生思想政治教育工作	材料审核
		符合上述标准的为A；不符合的为D	
3.社会环境	3.1文化建设与舆论氛围	1.有为大学生思想政治教育营造良好宣传舆论氛围的措施，及时开展大学生思想政治教育先进典型的宣传 2.推出有益于大学生成长成才的优秀文化产品和文化服务，形成高雅艺术进校园的机制，每年集中开展文化市场的专项治理 3.加强对当地主流媒体的监管，弘扬主流意识文化 4.依法加强对各类网站的管理，培育文明理性的网络环境 5.大力弘扬科学精神，扎实开展科学道德和学风建设宣传教育，推动形成优良学术风气	1、3、5材料审核，2、4材料审核与实地考察
		符合上述五项标准为A；符合其中四项为B；符合其中三项为C；其余情形为D	

续表

一级指标	二级指标	测评标准	测评方式
3.社会环境	3.2大学生思想政治教育基地	1.爱国主义教育基地和民族团结进步教育基地对大学生集体参观一律免费开放 2.支持并建立大学生社会实践和志愿服务基地 3.支持并建立大学生创新创业基地	材料审核与实地考察
3.社会环境	3.2大学生思想政治教育基地	符合上述三项标准为A;符合其中两项为B;符合其中一项为C;其余情形为D	材料审核与实地考察
3.社会环境	3.3学校及周边治安综合治理	1.学校及周边治安综合治理有专门机构、办公场所、专职人员和工作经费,工作有专项部署 2.每半年排查一次学校周边环境的突出问题,并制定有效措施予以解决 3.打击学校及周边地区存在的各类违法犯罪活动,依法及时处理各类侵害师生合法权益的刑事和治安案件 4.学校及周边200米内无夜总会、电子游戏厅和无证经营摊点等	2、3材料审核,1、4材料审核与实地考察
3.社会环境	3.3学校及周边治安综合治理	符合上述四项标准为A;符合其中三项为B;符合其中两项为C;其余情形为D	2、3材料审核,1、4材料审核与实地考察
4.统筹协调	4.1课堂教学	1.落实中央关于加强和改进思想政治理论课的各项要求和措施 2.加强对思想政治理论课和哲学社会科学课教师的培训、培养和管理,每年按要求开展骨干教师研修 3.制定加强和改进高校师德建设的措施,明确教师的育人职责与要求	材料审核
4.统筹协调	4.1课堂教学	符合上述三项标准为A;符合其中两项为B;符合其中一项为C;其余情形为D	材料审核

续表

<table>
<tr><th>一级指标</th><th>二级指标</th><th>测评标准</th><th>测评方式</th></tr>
<tr><td rowspan="6">4.统筹协调</td><td rowspan="2">4.2课堂外思想政治教育</td><td>1.支持高校校园文化建设,纳入当地文化建设总体规划
2.对大学生社会实践和志愿服务活动进行统一部署和安排,推进学雷锋活动常态化、机制化
3.积极推进网络思想政治教育,不断拓展网络思想政治教育途径和手段
4.支持大学生心理健康教育和心理咨询机构建设,建立高校与专业卫生机构之间大学生严重心理障碍和心理疾病治疗的转介机制
5.建立资助育人机制,宣传表彰优秀家庭经济困难学生
6.加强大学生就业思想政治教育,宣传表彰基层建功立业先进典型</td><td rowspan="2">材料审核</td></tr>
<tr><td>符合上述六项标准为A;符合其四项为B;符合其中三项为C;其余情形为D</td></tr>
<tr><td rowspan="2">4.3党团工作</td><td>1.定期召开高校党的建设工作会议
2.定期召开高校共青团工作专题工作会</td><td rowspan="2">材料审核</td></tr>
<tr><td>符合上述两项标准为A;符合其中一项为C;其余情形为D</td></tr>
<tr><td rowspan="2">4.4科学研究</td><td>1.制定马克思主义理论一级学科及其六个二级学科的具体发展规划
2.有省级大学生思想政治教育研究会并经常性开展工作
3.大学生思想政治教育重大理论和实际问题研究列入各级[①]社科(哲学社会科学或人文社会科学)基金课题规划
4.大学生思想政治教育研究成果纳入各级政府教育教学成果奖评选范围</td><td rowspan="2">材料审核</td></tr>
<tr><td>符合上述四项标准为A;符合其中三项为B;符合其中两项为C;其余情形为D</td></tr>
<tr><td>测评结果</td><td colspan="3">根据以上12项二级指标获得A的总数(用X表示),得出测评结果:
X≥10,二级指标无C或D,结论为A;X≥8,且二级指标无D,结论为B;X≥6,结论为C;其余情形为D</td></tr>
</table>

① 各级:指高校所在省(区、市)及其以上级别的各类课题或项目管理单位。

二、普通高等学校大学生思想政治教育工作测评体系

一级指标	二级指标	测评标准	测评方式
1.组织领导	1.1工作定位与思路	1.大学生思想政治教育工作纳入学校事业发展规划 2.“育人为本，德育为先”在学校人才培养方案中有具体体现 3.有全员、全过程、全方位育人的明确思路	材料审核
		符合上述三项标准为A；符合其中两项为B；符合其中一项为C；其余情形为D	
	1.2领导体制与工作机制	1.建立由学校主要负责人担任组长的大学生思想政治教育工作领导小组，每学期至少召开一次专门工作会 2.学校将大学生思想政治教育与教学、科研、社会服务工作同时部署，同时检查，同时评估 3.有贯彻落实中发〔2004〕16号文件及其配套文件的实施办法 4.学校有关部门有明确的大学生思想政治教育工作职责并完成相应任务 5.学校党政主要领导每年分别到堂听思想政治理论课≥4学时	材料审核
		符合上述五项标准为A；符合其中四项为B；符合其中三项为C；其余情形为D	
2.队伍建设	2.1党政干部及共青团干部队伍	1.对学校党政干部及共青团干部组织、协调、实施大学生思想政治教育工作有明确要求 2.每年对学校党政干部及共青团干部履行大学生思想政治教育工作相关职责有考核 3.对党政干部及共青团干部从事思想政治理论课、大学生党课团课等教学有具体管理措施	材料审核
		符合上述三项标准为A；符合其中两项为B；符合其中一项为C；其余情形为D	

续表

一级指标	二级指标	测评标准	测评方式
2. 队伍建设	2.2 思想政治理论课与哲学社会科学课教师队伍	1. 实行思想政治理论课专任教师任职资格准入制[①]，专任教师按不低于师生1∶400的比例配备 2. 鼓励支持思想政治理论课专任教师攻读马克思主义理论相关学科博士、硕士学位 3. 思想政治理论课专业技术职务高级岗位的比例不低于学校重点学科高级岗位设置的平均水平，且不得挪作他用 4. 对思想政治理论课专任教师的专业技术职务评定，注重考核教学能力和教学实绩 5. 按照要求选送思想政治理论课专任教师和哲学社会科学课教学科研骨干参加全国和省（区、市）培训、研修，每学年至少安排1/4专任教师开展社会实践和学习考察活动 6. 对思想政治理论课教师的表彰纳入学校各类教师表彰体系中，并为思想政治理论课教师确定一定比例，进行统一表彰	1、2、3、5、6 材料审核，4 材料审核与实地考察
		符合上述六项标准为A；符合1和其余标准中三至四项为B；符合其中三项为C；其余情形为D	
	2.3 辅导员、班主任队伍	1. 按师生比不低于1∶200的比例设置一线专职辅导员岗位，研究生配备有专职辅导员 2. 每个班级配有兼职班主任或指导教师 3. 对辅导员专业技术职务单列指标，单设标准，单独评审 4. 落实辅导员相应职级、职数和待遇 5. 辅导员的培养纳入学校师资培训规划和人才培养计划，开展队伍轮训，享受专任教师培养同等待遇 6. 有辅导员、班主任工作考核办法和年度考核结果，定期评选表彰优秀辅导员、班主任，并纳入教师表彰体系	材料审核
		符合上述六项标准为A；符合1和其余标准中三至四项为B；符合其中三项为C；其余情形为D	

① 任职资格准入制：指新进思想政治理论课专任教师原则上应是中共党员并具备相关专业硕士以上学位。

续表

<table>
<tr><th>一级指标</th><th>二级指标</th><th>测评标准</th><th>测评方式</th></tr>
<tr><td rowspan="4">3.思想政治理论课</td><td rowspan="2">3.1思想政治理论课教育教学</td><td>1.独立设置直属学校领导的、与学校其他二级院(系)行政同级的思想政治理论课教学科研组织二级机构,并配齐机构主要负责人
2.思想政治理论课建设列入学校事业发展规划,作为学校重点课程建设,有条件的本科院校同时应作为重点学科建设
3.落实规定的思想政治理论课规定课程和学分及对应的课堂教学学时
4.使用马克思主义理论研究和建设工程重点教材高校思想政治理论课统编教材
5.实践教学纳入思想政治理论课教学计划,建有相对稳定的校外实践教学基地,实践教学覆盖大多数学生
6.设立思想政治理论课教育教学研究专项课题</td><td rowspan="2">1、2、4、6材料审核,3、5材料审核与实地考察</td></tr>
<tr><td>符合上述六项标准为A;符合1和其余标准中三至四项为B;符合其中三项为C;其余情形为D</td></tr>
<tr><td rowspan="2">3.2形势与政策教育</td><td>1.作为必修课列入教学计划
2.落实规定的课时和学分
3.制定并落实形势与政策课集体备课制度[①]
4.有地方党政领导干部、校外专家学者、校级领导为学生作形势政策报告的制度并有效实施</td><td rowspan="2">材料审核</td></tr>
<tr><td>符合上述四项标准为A;符合其中三项为B;符合其中两项为C;其余情形为D</td></tr>
<tr><td rowspan="2">4.课堂外思想政治教育</td><td rowspan="2">4.1社会主义核心价值体系宣传教育</td><td>1.开展马克思主义中国化最新成果宣传教育
2.开展党的基本理论、基本路线、基本纲领和基本经验教育以及党史宣传教育
3.利用重要节庆日、重大事件,开展爱国主义教育、民族团结进步教育和时代精神教育
4.开展以“八荣八耻”为主要内容的社会主义荣辱观教育</td><td rowspan="2">材料审核</td></tr>
<tr><td>符合上述四项标准为A;符合其中三项为B;符合其中两项为C;其余情形为D</td></tr>
</table>

① 集体备课制度:每所高校从事形势与政策课的教学人员对某一专题进行集体研究的备课制度。

续表

一级指标	二级指标	测评标准	测评方式
4.课堂外思想政治教育	4.2实践育人	1.将实践育人工作纳入学校教学计划,落实规定的学时学分 2.建立相对稳定的实践育人基地 3.有学生参加社会实践活动的年度计划,定期组织开展社会实践活动 4.支持、组织学生开展志愿服务和公益活动,深入开展学雷锋活动 5.开展国防宣传教育,将军事训练纳入必修课 6.及时表彰宣传实践育人先进典型,定期召开实践育人经验交流会、座谈研讨会	1、3、4、5、6材料审核,2材料审核与实地考察
		符合上述六项标准为A;符合其中四项为B;符合其中三项为C;其余情形为D	
	4.3校园文化建设	1.有校园文化建设总体规划,有明确牵头部门负责,并加强校园统一标识建设 2.有校训、校徽、校史陈列馆(室) 3.有加强科学道德和校风学风建设的措施,并开展督查工作 4.结合传统节庆日、重大事件和开学典礼、毕业典礼等开展主题教育活动 5.定期开展学生宿舍及生活园区文化活动 6.努力开展校园文化创新,打造活动品牌	3、4、5、6材料审核,1、2材料审核与实地考察
		符合上述六项标准为A;符合其中四项为B;符合其中三项为C;其余情形为D	
	4.4网络思想政治教育	1.有网络思想政治教育总体规划 2.建有思想政治教育专题网站,积极推进大学生网络社区建设,开展网络思想政治教育活动 3.有专门的网络用户归口管理部门,有完善的校园网络舆情监控工作机制,并配备专职工作人员 4.有校园网站登记、备案制度,实行用户上网实名注册	1材料审核,2、3、4材料审核与网络考察
		符合上述四项标准为A;符合其中三项为B;符合其中两项为C;其余情形为D	

续表

一级指标	二级指标	测评标准	测评方式
4.课堂外思想政治教育	4.5心理健康教育	1.有校级心理健康教育和心理咨询机构,有专门的心理咨询场所 2.按师生比不低于1:5000的比例配备专职从事心理健康教育的教师,且不少于2名 3.有用于大学生心理健康教育和心理咨询的专项经费 4.面向全校学生开设心理健康教育必修课或选修课,形成系列课程体系 5.建立有校、院(系)、学生班级三级心理健康教育工作网络,有学生心理危机预防与干预体系 6.每年开展新生心理健康普查,在校学生建有心理健康档案 7.定期开展心理健康宣传教育活动	2、3、4、6、7材料审核,1、5材料审核与实地考察
		符合上述七项标准为A;符合1和其余标准中四至五项为B;符合其中四项为C;其余情形为D	
	4.6资助育人	1.有学生资助工作机构和专职工作人员 2.家庭经济困难学生资助经费达到学校事业收入的4%[1],经费做到专款专用 3.建立资助育人机制,宣传表彰优秀家庭经济困难学生	2、3材料审核,1材料审核与实地考察
		符合上述三项标准为A;符合其中两项为B;符合其中一项为C;其余情形为D	
	4.7就业创业教育	1.有学生就业创业教育的专门机构并配备专职工作人员 2.就业创业指导课程纳入学校必修课或选修课 3.加强大学生就业思想政治教育,宣传表彰基层建功立业先进典型	2、3材料审核,1材料审核与实地考察
		符合上述三项标准为A;符合其中两项为B;符合其中一项为C;其余情形为D	

① 达到学校事业收入的4%,见教财〔2008〕11号文件。

续表

一级指标	二级指标	测评标准	测评方式
4.课堂外思想政治教育	4.8党团组织建设	1.本科生低年级有党员,本科生高年级和研究生有党支部 2.建立党校、团校,定期开展教育培训工作,学生党员每年培训时间不少于16学时 3.校级团组织独立设置,院(系)、班级团学组织健全 4.按规定发展学生党员,开展党团组织生活 5.按规定开展推荐优秀团员作为大学生入党积极分子的工作 6.有学生社团管理办法,配备社团指导老师	材料审核
		符合上述六项标准为A;符合其中四项为B;符合其中三项为C;其余情形为D	
5.条件保障	5.1学生教育活动设施建设	1.建有专门的学生活动用房,有完善[①]的活动设施并得到充分利用 2.学生宿舍楼或生活园区设有学生党团活动室	材料审核与实地考察
		符合上述两项标准为A;符合其中一项为C;其余情形为D	
	5.2经费投入	1.大学生思想政治教育工作经费[②]设立专门预算科目,经费做到专款专用 2.大学生思想政治教育工作经费占学校上一年度政府拨给的事业费和收缴的学生培养费或学杂费总收入比例应逐年增长	材料审核
		符合上述两项标准为A;符合其中一项为C;其余情形为D	

① 完善:指配套合理,功能齐全,使用方便,设施完好。

② 大学生思想政治教育工作经费:包括对学生进行思想政治教育的教学、管理和日常思想政治教育活动两部分经费。思想政治教育教学、管理经费投入包括思想政治理论课教育、思想政治理论课专职教师的培训提高、社会考察与调研、有关教研室的业务条件建设和图书资料、大学生思想政治教育科研等。日常思想政治教育活动经费投入包括学生社会实践、校园文化建设、网络思想政治教育、心理健康教育、就业服务、学生党团及学生组织、学生社团建设,以及用于学生和大学生思想政治教育工作队伍培养、表彰奖励(不含奖学金)等所需费用。

续表

一级指标	二级指标	测评标准	测评方式
5.条件保障	5.3科学研究	设立大学生思想政治教育专项研究课题和课改课题	材料审核
		符合上述标准为A;不符合为D	
6.育人环境	6.1校园安全稳定	1.有维护安全稳定的综合防控机制和突发事件紧急处置预案 2.有校园舆论阵地建设与管理办法,有哲学社会科学研讨会、报告会、论坛等审批制度 3.按需要设置校园安全标识,校园安全通道畅通 4.有抵御和防范利用宗教对学校进行渗透的措施和办法 5.有抵御和防范境内外敌对势力对学校进行渗透和破坏的措施和办法 6.有与当地党委政府及有关部门的信息沟通制度 7.经常性开展学生安全教育 8.近三年无重大安全稳定责任事故	1、2、4、5、6、7材料审核,3实地考察,8材料审核与实地考察
		第八项为一票否决,有重大安全稳定责任事故为D;符合8且其余标准中符合五至六项为A;符合8且其余标准中符合三至四项为B;符合8且其余标准中符合两项为C;其余情形为D	
	6.2家庭与社会参与	1.学校建立并落实与学生家长联系的制度 2.定期召开学生家长代表座谈会 3.学校与社区有合作育人工作机制,每年组织开展合作育人活动	1、2材料审核,3材料审核与实地考察
		符合上述三项标准为A;符合其中两项为B;符合其中一项为C;其余情形为D	
测评结果	根据以上20项二级指标获得A的总数(用X表示),得出测评结果: X≥15,二级指标无C或D,结论为A;X≥12,且二级指标无D,结论为B;X≥10,结论为C;其余情形为D		

附录三
高校思想政治教育评估指标体系设计案例

由于篇幅原因,本附录仅对高校思想政治教育评估指标体系进行具体案例设计。为了说明问题,本附录所提供的评估指标只是作为说明具体设计的手段,比较简略,以便清晰表达指标体系设计的技术方法。

一、设计背景与明确评估目标。任务来源是某高校思想政治教育主管部门要求或委托某一委员会对本校高校思想政治教育专业任课教师进行素质评估。评估的目标是鉴定本校高校思想政治教育专业任课教师队伍的综合水平的高低。

二、组织评估力量,构建评估组织体系。(略)

三、设计本校高校思想政治教育专业任课教师素质评估指标体系。

(一)确定评估的目标,即零级指标。

零级指标就是鉴定本校高校思想政治教育专业任课教师队伍的综合水平的高低。

(二)分解目标,确定分级指标。

按照评估目标的含义,将零级目标分解为高校思想政治教育专任教师的结构、高校思想政治教育专任教师的思想素质、高校思想政治教育专任教师的能力、高校思想政治教育专任教师的教学效果和高校思想政治教育专任教师的考试命题质量五个一级指标。

继续将一级目标分解为末级评估指标。高校思想政治教育专任教师的结构评估指标被分解为年龄结构、学历结构、专业结构与职称结构四个末级评估指标。高校思想政治教育专任教师的思想素质评估指标被分解为稳定团结,有良好的精神面貌和进取精神;良好的职业道德和行为规范;党员比例适宜三个末级评估指标。高校思想政治教育专任教师的能力评估指标被分解为扎实的马列主义理论基础和一定的科研能力、丰富的社会科学知识和必要的自然科学知识两个末级评估指标。高校思想政治教育专任教师的教学效果评估指标被分解为学生学业的进步,学生分析问题、解决问题能力的提高两个末级评估指标。高校思想政治教育专任教师的考试命题质量评估指标被分解为试题的信度和效度、试题的区分度两个末级评估指标。

在此基础上设计、编制咨询问卷,采用特尔斐法来基本确定评估指标体系草案。(咨询问卷的设计见附录四)

按照多次循环的要求,经过3—4轮的咨询,最终确定了一个仍然是草案的评估指标体系,但它的科学性与客观性已经得到了较好的把握。同时,在这一步骤中已经获得了指标权重系数的原始资料。

(三)编制评估指标体系表格。

××大学高校思想政治教育专业任课教师素质评估指标体系表格

专家编号:

注:

1.评估前请阅读所附的相关信息资料。

2.打分时请在对应分数下的“_____”画“×”或在两个分数之间写得分,当您认为某项指标不适用时,请在“○”画“×”。

零级指标	一级指标	末级指标	等分或等级数轴	不适用
思想政治教育专业任课教师素质	专任教师的结构评估指标	年龄结构	10 8 7 6 5 _____ 优 良 中 及 差	○
		学历结构	10 8 7 6 5 _____ 优 良 中 及 差	○

续表

零级指标	一级指标	末级指标	等分或等级数轴	不适用
思想政治教育专业任课教师素质	专任教师的结构评估指标	专业结构	10 8 7 6 5 优 良 中 及 差	○
		职称结构	10 8 7 6 5 优 良 中 及 差	○
	专任教师的思想素质评估指标	稳定团结，有良好的精神面貌和进取精神	10 8 7 6 5 优 良 中 及 差	○
		良好的职业道德和行为规范	10 8 7 6 5 优 良 中 及 差	○
		党员比例适宜	10 8 7 6 5 优 良 中 及 差	○
	专任教师的能力评估指标	扎实的马列主义理论基础和一定的科研能力	10 8 7 6 5 优 良 中 及 差	○
		丰富的社会科学知识和必要的自然科学知识	10 8 7 6 5 优 良 中 及 差	○
	专任教师的教学效果评估指标	学生学业的进步	10 8 7 6 5 优 良 中 及 差	○
		学生分析问题、解决问题能力的提高	10 8 7 6 5 优 良 中 及 差	○

续表

零级指标	一级指标	末级指标	等分或等级数轴	不适用
思想政治教育专业任课教师素质	专任教师的考试命题质量评估指标	试题的信度和效度	10 8 7 6 5 优 良 中 及 差	○
		试题的区分度	10 8 7 6 5 优 良 中 及 差	○

（四）确定权重系数方法。根据本次评估客体的特点和评估活动的特点，选定用特尔斐法来确定权重系数和权集。

（五）根据评估的类型与评估对象的特性选择评估专业方法。根据本次评估客体的特点和评估活动的特点，选定用模糊数学综合评估法作为专业评估方法。

（六）编制评估软件、进行软件调试。根据指标体系草案以及选定的模糊数学综合评估法，做出计算机软件的系统设计，完成软件的编制与调试。这个评估软件不仅能用于此次评估，它适用于所有采用模糊数学综合评估法的评估。不同的评估，软件运行中需输入不同的评估指标。

（七）评估指标体系实验及软件验收。进行模拟评估，即由评估指标体系设计人员完全按照评估实施程序的要求，模拟专家评估打分或划分等级。

首先，进行评估指标体系实验的第一步。假设评估专家人数为40位，以下为评估指标体系表格中的得分或等级统计表与运用特尔斐法取得的权重系数表。这些表格是按照模糊数学综合评估法的算法要求编制的特殊表格。

附表1：专任教师的结构评估指标统计表

等级		V_1	V_2	V_3	V_4	V_5
指标	u_1	25.6	10	4.4	0.0	0.0
	u_2	30.8	5.2	4.0	0.0	0.0
	u_3	8.0	9.2	16.0	5.2	1.6
	u_4	6.8	13.2	16.0	0.0	4.0

附表2：专任教师的思想素质评估指标统计表

等级		V_1	V_2	V_3	V_4	V_5
指标	u_1	15.6	11.6	11.2	1.2	0.0
	u_2	28.0	8.8	3.2	0.0	0.0
	u_3	25.6	12.0	1.2	0.0	1.2

附表3：专任教师的能力评估指标统计表

等级		V_1	V_2	V_3	V_4	V_5
指标	u_1	24.0	12.0	2.8	0.0	1.2
	u_2	12.8	16.8	7.6	1.2	1.6

附表4：专任教师的教学效果评估指标统计表

等级		V_1	V_2	V_3	V_4	V_5
指标	u_1	2.8	12.0	9.2	9.2	6.8
	u_2	4.0	9.2	13.2	13.2	5.6

附表5：专任教师的考试命题质量评估指标统计表

等级		V_1	V_2	V_3	V_4	V_5
指标	u_1	17.2	10.8	10.8	1.2	0.0
	u_2	12.0	10.8	10.8	4.0	2.4

附表6：评估指标权重系数

评估指标集合	权重分配
专任教师的结构评估指标集合	（0.100.650.100.15）
专任教师的思想素质评估指标集合	（0.300.400.30）
专任教师的能力评估指标集合	（0.600.40）
专任教师的教学效果评估指标集合	（0.350.65）
专任教师的考试命题质量评估指标集合	（0.600.40）
整体评估指标体系	（0.500.100.200.120.08）

其次，在所有相关数据整理、统计完成后开始评估实验的第二步，即评估软件的验收工作。评估软件的执行步骤如下：

1.运行高校思想政治教育评估指标添加表，将评估指标体系输入软件。

点击文件“高校思想政治教育评估指标添加表.EXE”，出现操作界面如附图1。

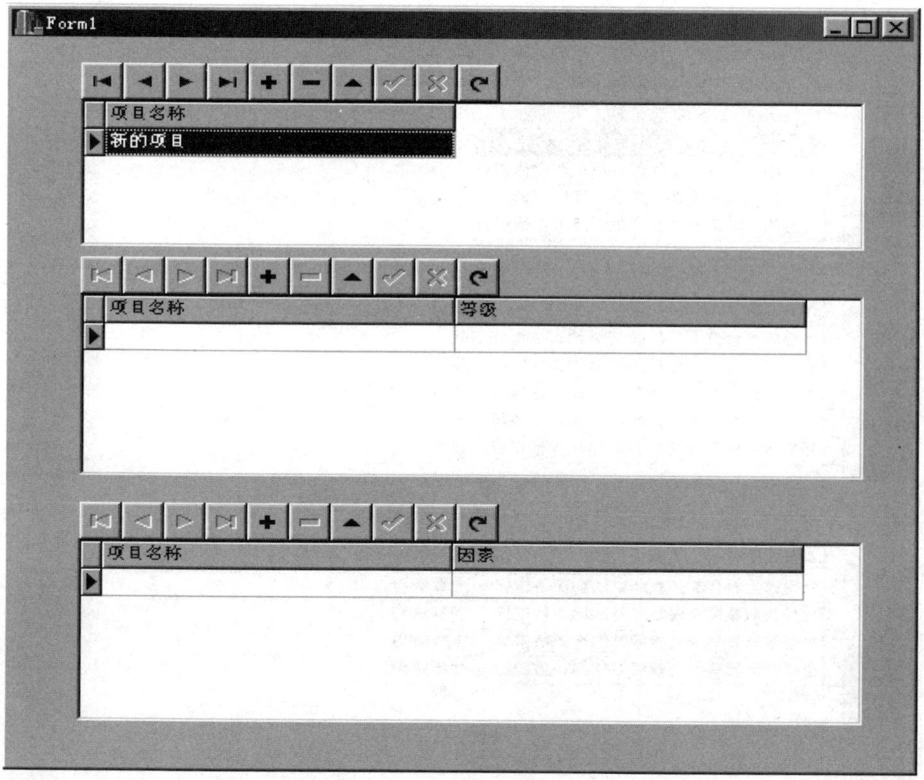

附图1

这是一个空的评估指标体系库，工具条中“＋”代表添加功能，“－”代表删除功能，两个左右箭头表示前进、后退功能，“√”代表确定功能，“×”代表取消功能，“↷”代表全部指标输入完毕后的确认功能。将评估指标全部输入指标库后的界面如附图2。

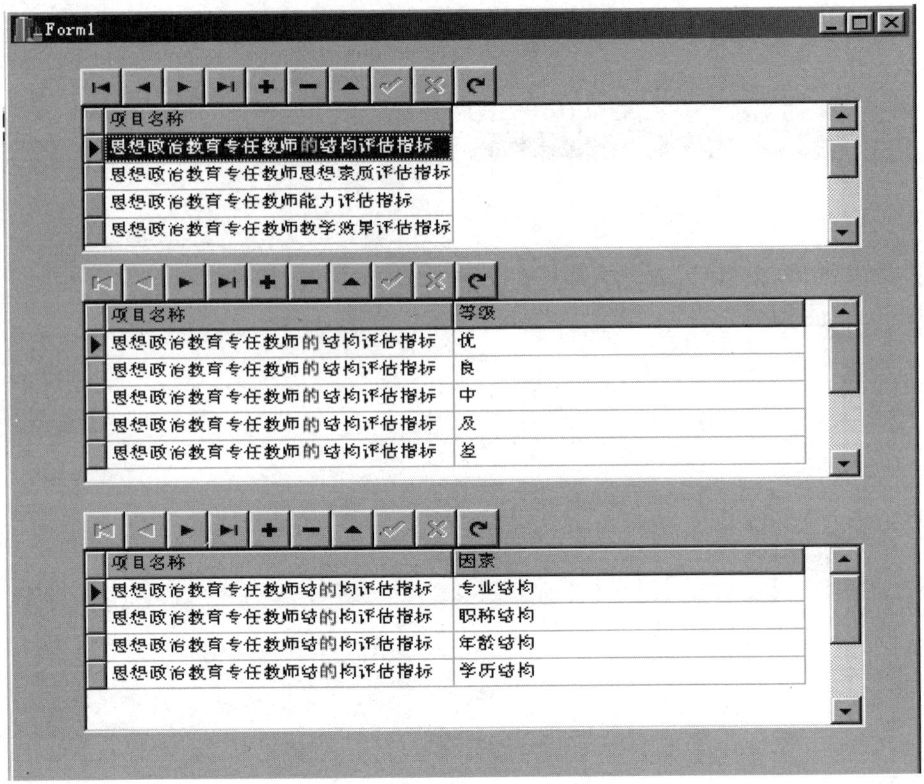

附图2

图中顶层的内容表示评估指标体系的所有评估指标集合,中层的内容表示各个评估指标集合中指标有几个等级,下层的内容表示各个评估指标集合中有哪些指标,即末级指标。附图2显示的是高校思想政治教育专任教师的结构评估指标集合的等级与末级指标内容。分别点击其他四个评估指标集合,指标库界面就相应地显示各个指标集合的等级与末级指标内容。

2.输入统计数据,开始计算。

运行文件“高校思想政治教育评估软件.EXE”,界面如附图3。这是一个未输入任何统计数据的空白界面。其中黑色字体为可执行部分,灰色字体为不可执行部分,随着步骤的执行,灰色字体会逐步变成黑色字体,以避免误操作。具体执行步骤如下:

(1)输入评估专家人数。

（2）在“项目初始化”栏中选择“高校思想政治教育专任教师的结构评估指标”，并在左面的“数据采集表”输入附表1的数据。

（3）在“单项评估过程”栏中点击“第一步：平均数”。

（4）在“A矩阵—权重”栏中填入附表6中相应的权重集合。在“单项评估过程”栏中点击“第二步：求B矩阵”。

（5）在“单项评估过程”栏中点击“第三步：清空采集表”。

至此，对高校思想政治教育评估专任教师结构的初步计算已经完成。重复以上步骤，完成其他四个评估指标集合的初步计算。

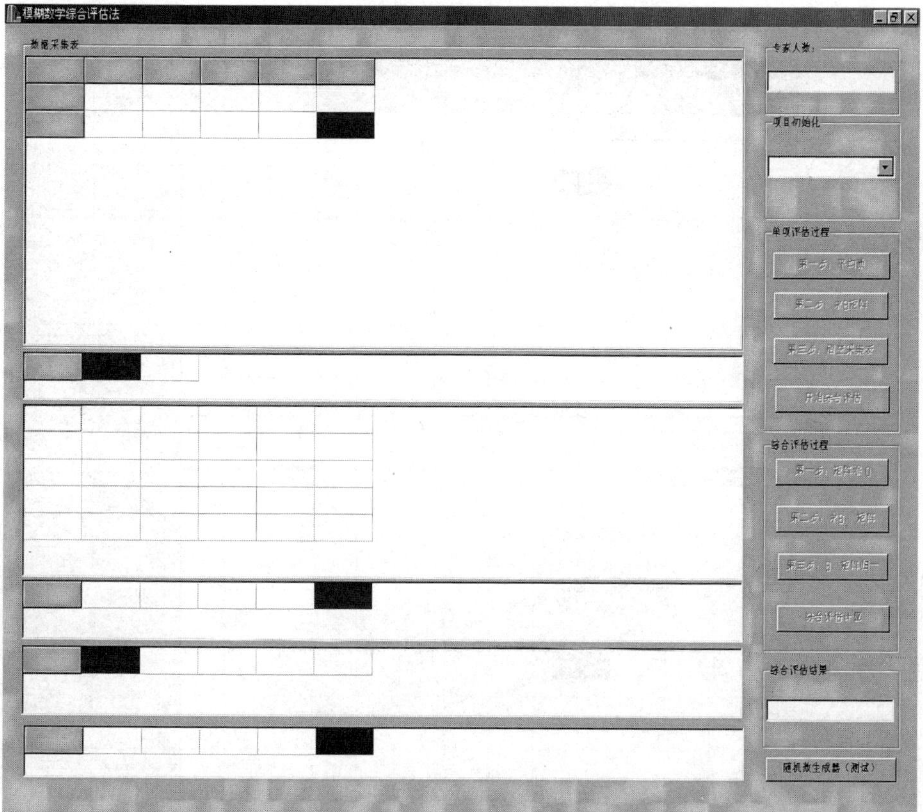

附图3

（6）完成所有评估指标集合的数据初步计算后，点击“单项评估过程”栏中的“开始综合评估”。

(7)点击“综合评估过程”中的“第一步:矩阵”,并将附表6中“整体评估指标体系”所对应的权重集合输入“A矩阵—权重”。

(8)点击“综合评估过程”中的“第二步:求B矩阵”,得到B矩阵。

(9)点击“综合评估过程”中的“第三步:B矩阵归一”。

(10)在“V矩阵—赋值”中输入各个评估等级相应的百分数,并点击“综合评估过程”中的“综合评估计算”。

最后,得到评估结果,界面显示为“综合评估结果”栏中的“84.1150512695313”,四舍五入得出某高校思想政治教育评估专任教师素质的量化评估结果为84分。计算完毕的软件界面如下附图4。

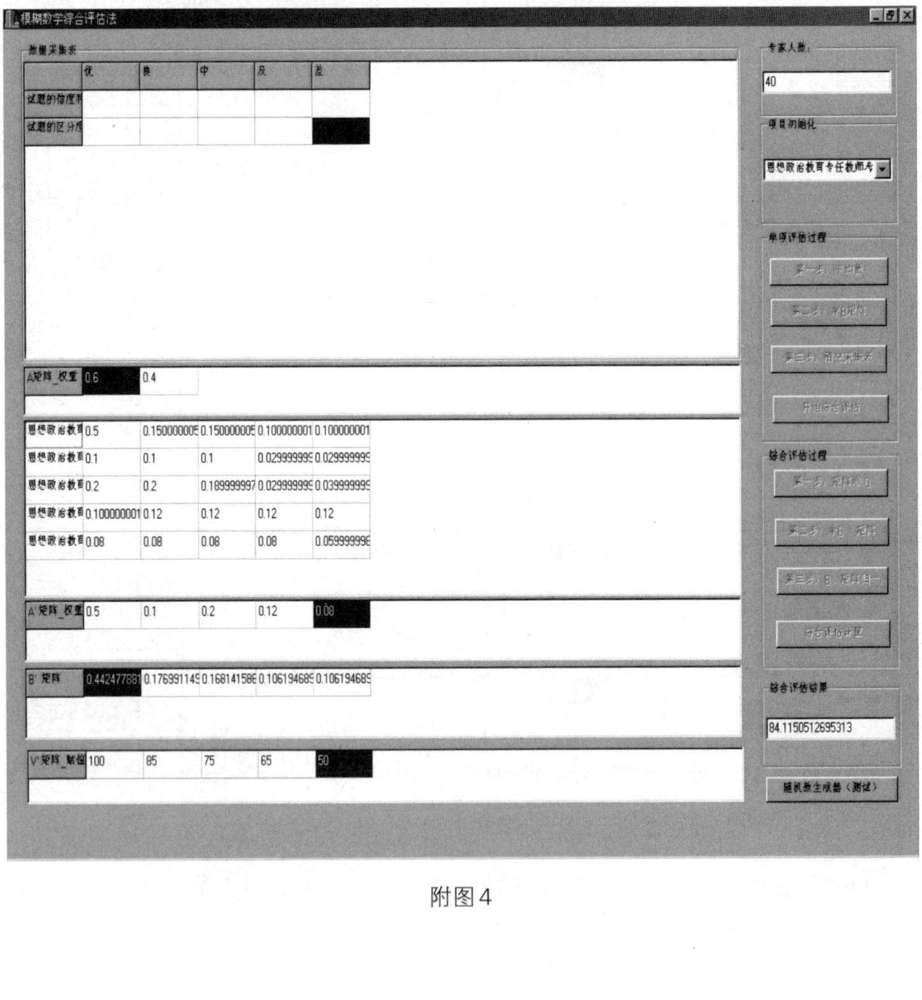

附图4

在这一过程中发现整个指标体系有关的设计问题，就返回存在问题的部分进行修正，修正之后仍然按正常步骤设计。直至完全通过实验。

（八）完善评估指标体系。

最后进行评估指标体系的完善，就是将以上步骤的结果整理，最终拿出一套完整、清晰的高校思想政治教育评估指标体系报告。

至此，某高校思想政治教育专任教师素质评估指标体系设计基本完成。

附录四

高校思想政治教育评估指标体系设计咨询问卷

××大学高校思想政治教育专业任课教师素质评估指标体系专家咨询问卷

同志：

您好！

“××大学高校思想政治教育专业任课教师素质评估指标体系”的设计课题已经进入专家调查咨询阶段。

本课题是采用特尔斐法建立、修改和完善的指标体系。

特尔斐法的基本特点是充分利用专家的判断力来作出决断。它与一般专家调查法的主要区别是：

1. 专家意见的可靠性。特尔斐法采用匿名方式个别征求咨询专家意见。专家可以在不受任何干扰的情况下充分阐述和论证自己的意见，使调查获得的专家意见比较可靠。

2. 反馈性。使用特尔斐法需要进行多次循环调查。每一轮调查结果经过分析整理，在下一轮调查时将所有专家意见不署名反馈给每一位专家。这样，每一位专家可以参考其他专家的意见，进一步确认、补充或修改自己的结论。经过多次调查，专家意见将逐渐趋于一致，从而提高最终结论的正确性和可靠性。

3. 统计性。特尔斐法不是简单地把上一轮的调查情况直接提供给专家，而是将调查结果以及其统计特征反馈给专家。统计特征主要指专家意见的集中程度和离散程度。通过统计，可使专家更准确地把握其他专家的意见，也便于设计者更准确地分析专家意见。

由上可见，本课题的设计、研究能否最终获得一个在目前情况下最科学、可行的高校思想政治教育专业任课教师素质评估指标体系，取决于我们聘请的每一位专家的意见。在此，我们恳请您在百忙之中抽出部分精力，接受我们的咨询。

本课题的设计、研究工作共有三轮调查，在×月至×月间进行。这是第一轮调查。

请您：

1.填写“专家调查表”。

2.阅读“关于指标体系草案一的说明”和“××大学高校思想政治教育专业任课教师素质评估指标体系草案一”。

3.填写“评估咨询表”。

谢谢您的帮助。

“××大学高校思想政治教育专业任课教师素质评估指标体系设计研究”课题组

××××年××月××日

·评估咨询表·

一、评估时，将指标体系分为高校思想政治教育专任教师的结构、高校思想政治教育专任教师的思想素质、高校思想政治教育专任教师的能力、高校思想政治教育专任教师的教学效果和高校思想政治教育专任教师的考试命题质量五个指标集合，您认为是否合适？（请在符合您的意见的序号上画“○”）

1.合理性

A.不合理

B.较不合理

C.较合理

D.合理

如不合理，请指出不合理的原因及修改意见：

2.涵盖性

A.不好,有重大遗漏

B.不太好,有些遗漏

C.较好,有个别遗漏

D.好,没有遗漏

如认为有遗漏,请您指出有哪些遗漏:

3.区分度

A.不好,多数指标集合难以区分

B.不太好,有些指标集合难以区分

C.较好,但个别指标集合难以区分

D.很好,多数指标集合能区分

如认为指标集合难以区分,请您指出难以区分的指标集合:

二、评估时,将指标集合进一步划分为13个末级指标(具体见评估指标体系草案),您认为是否合适?

1.合理性

A.不合理

B.较不合理

C.较合理

D.合理

如不合理,请指出不合理的原因及修改意见:

2. 涵盖性

A. 不好，有重大遗漏

B. 不太好，有些遗漏

C. 较好，有个别遗漏

D. 好，没有遗漏

如认为有遗漏，请您指出有哪些遗漏：

3. 区分度

A. 不好，多数指标难以区分

B. 不太好，有些指标难以区分

C. 较好，但个别指标难以区分

D. 很好，多数指标能区分

如认为指标集难以区分，请您指出难以区分的指标：

三、请填写您认为合适的权重系数。

高校思想政治教育专业任课教师素质评估指标集合权重系数表

指标集合	权重系数
高校思想政治教育专任教师的结构	
高校思想政治教育专任教师的思想素质	
高校思想政治教育专任教师的能力	
高校思想政治教育专任教师的教学效果	
高校思想政治教育专任教师的考试命题质量	

注：五项指标集合权重系数的和要为1。

附表7:高校思想政治教育专任教师的结构评估末级指标权重系数表

末级指标	权重系数
年龄结构	
学历结构	
专业结构	
职称结构	

注:所有末级指标权重系数的和要为1。

附表8:高校思想政治教育专任教师的思想素质评估末级指标权重系数表

末级指标	权重系数
稳定团结,有良好的精神面貌和进取精神	
良好的职业道德和行为规范	
党员比例适宜	

注:所有末级指标权重系数的和要为1。

附表9:高校思想政治教育专任教师的能力评估末级指标权重系数表

末级指标	权重系数
扎实的马列主义理论基础和一定的科研能力	
丰富的社会科学知识和必要的自然科学知识	

注:所有末级指标权重系数的和要为1。

附表10:高校思想政治教育专任教师的教学效果评估末级指标权重系数表

末级指标	权重系数
学生学业的进步	
学生分析问题,解决问题能力的提高	

注:所有末级指标权重系数的和要为1。

附表11:高校思想政治教育专任教师的考试命题质量评估末级指标权重系数表

末级指标	权重系数
试题的信度和效度	
试题的区分度	

注:所有末级指标权重系数的和要为1。

四、您对本指标体系的设计有何批评和建议?

后记

本书源起于中央高校基本科研业务费青年项目(SWU2109305)。在项目申报和后续的研究中,王斌老师给予了极大的支持、建议和帮助,最终形成了这本《高校思想政治教育评估设计》。在本书的编写过程中,借鉴和参考学习了罗洪铁、黄蓉生、张耀灿、陈秉公、仓道来、郝文清、陆庆壬、邱伟光、王礼湛、王勤、王敏、王玄武、徐志远、赵志军等诸多学者的研究理论和观点,在此表示衷心的感谢。

转眼间,本书的撰写工作已经临近尾声,笔者想借此机会再谈谈关于高校思想政治教育评估的想法。

我国的高等教育在一定程度上借鉴了西方高等教育的课程体系,但在发展的过程中,逐渐走出了一条中国特色社会主义教育发展道路,其中最本质的特征,就是思想政治教育。从20世纪80年代开始,各级政府、教育管理部门、高校对思想政治教育的重视程度在逐渐提高。

如果说专业技术的学习关系一个学生对社会建设的上限,那么思想政治教育就是这个学生可能实现这种上限的程度。我们认为,只有热爱社会主义事业、愿意投身社会主义事业的具有正确的世界观、人生观和价值观的大学生,才能真正地全身心投入到伟大的社会主义事业的建设中来。本书重点研究的高校思想政治教育评估,既是组成高校思想政治教育的一部分,对高校思想政治教育的各个环节都存在内生影响;又是对高校思想政治教育成果的价值判断过程,对高校思想政治教育的过程和结构具备外部反馈。因此,一个科学、系统、完善的评估,对提高高校思想政治教育的效果具有不可忽视的重要作用。

新时代，我们有幸能亲身参与中华民族伟大复兴的伟大征程，在此国内外形势深刻变化的百年未有之大变局中，只有结合好党和国家对教育要求的时代特点，结合好大学生的思想和行为特点，结合好高校办学实际的特点，真正建设并完善好高校思想政治教育评估的环节，才能通过一次次客观、科学、系统的评估，引导高校思想政治教育始终朝着更有利于党和国家建设、有利于社会主义事业建设、有利于学生自身发展、有利于高校管理体制改进的方向发展。

《高校思想政治教育评估设计》是一次大胆的尝试。本书在对过去40余年的思想政治教育评估的相关理论和实践经验进行总结和分析的基础上，结合新的时代特点对高校思想政治教育评估提出了新的建设构想，希望能够为高校开展思想政治教育评估工作，提升思想政治教育效果提供切实有效和可行的方法。与此同时，我们也希望以此能够为后续学者对高校思想政治教育的进一步研究提供一定的参考和思路。

由于笔者的学识和能力有限，书中所述之研究可能还存在诸多不足，恳请诸位学者不吝赐教。